1968 – Verdichtung des Wandels
und globaler Moment

1968 –
Verdichtung des Wandels und globaler Moment

Tübinger Vorlesungen

Herausgegeben von

Jan Eckel und Georg Schild

Mohr Siebeck

Jan Eckel ist Inhaber des Lehrstuhls für Neuere und Neueste Geschichte und Zeitgeschichte an der Universität Tübingen.

Georg Schild ist Professor für Nordamerikanische Geschichte an der Universität Tübingen.

ISBN 978-3-16-157520-4 / eISBN 978-3-16-157521-1
DOI 10.1628/978-3-16-157521-1

Die Deutsche Nationalbibliothek verzeichnet diese Publikation in der Deutschen Nationalbibliographie; detaillierte bibliographische Daten sind über *http://dnb.dnb.de* abrufbar.

Das Buch wurde von Martin Fischer in Tübingen aus der Minion gesetzt, von Gulde Druck in Tübingen auf alterungsbeständiges Werkdruckpapier gedruckt und gebunden.

Printed in Germany.

Inhalt

Verzeichnis der Abbildungen

Verdichteter Wandel und globaler Moment

Zur Einleitung

Jan Eckel / Georg Schild

‚1968' nimmt im Nachdenken über die jüngere Vergangenheit inzwischen schon seit Langem einen herausgehobenen Platz ein. Das hat einen wichtigen Grund darin, dass das Geschehen dieses Jahres bereits seinerzeit weithin als eine bedeutungsvolle Wegmarke begriffen worden ist. Die offene Rebellion gegen als bedrückend wahrgenommene Herrschaftsstrukturen, gegen gesellschaftliche Konformitätserwartungen und rigide Regeln der privaten Lebensführung, die jegliche individuelle Entfaltung zu verhindern schienen, sorgte in westlichen Staaten für die zumeist schwersten inneren Konflikte seit dem Ende des Zweiten Weltkriegs. Aber auch in vielen anderen Ländern demonstrierten junge Menschen um das Ende der sechziger Jahre gegen empfundenes staatliches Unrecht oder soziale Missstände. Mal in Form phantasievoll-utopischer Zukunftsbilder und spielerischen Straßenspektakels, oft aber auch mit den Mitteln schneidender Kritik und wütender Gewalt, stellte der Aufruhr überall lang gehegte gesellschaftliche Gewissheiten auf unerwartete Weise infrage. Ob sie die Auseinandersetzungen nun beobachteten oder selbst aktiv daran teilhatten, glaubten viele Zeitgenossinnen und Zeitgenossen einen möglichen Epochenbruch zu erkennen oder doch zumindest Zeugen einer denkwürdigen Ballung geschichtsträchtiger Ereignisse zu sein. Das unterscheidet 1968 nach wie vor von anderen Jahreszahlen, die in der geschichtswissenschaftlichen Betrachtung eine besondere Bedeutung erlangt haben, weil Historikerinnen und Historiker sie als Zäsuren oder als Knotenpunkte der historischen Entwicklung erachten. In der zweiten Hälfte des 20. Jahrhunderts ist wohl nur das Jahr 1989 symbolisch in einem ähnlichen Maße aufgeladen wie 1968.

Die historiographische Auseinandersetzung mit dem Jahr hatte es daher immer schon mit einer dichten Ablagerung von Deutungsschichten zu tun. Eine leere *mental map* ist ‚1968' niemals gewesen. Gerade in der Bundesrepublik war dessen Auslegung noch längere Zeit in der Hand seiner männlichen Protagonisten. Mittlerweile blickt die Geschichtswissenschaft auf gut 20 Jahre einer intensiven Beschäftigung zurück, die einem distanzierteren und differenzierteren Verständnis den Weg geebnet hat. Sie hat ‚1968' in mancher Hinsicht gründlich entmystifiziert, als Gegenstand des historischen Fragens aber auch überhaupt erst etabliert. Heroisierenden Überhöhungen, denen zufolge die 68er-Bewegung *ex nihilo* eine neue, bessere Gesellschaft geschaffen habe, ob in der Bundesrepublik oder anderswo, hat sie eine Absage erteilt. Sowohl die nostalgische Verklärung als auch die angsterfüllte Verteufelung der Revolten versteht sie als Teil des Nachlebens von ‚1968', das seinerseits bereits Geschichte ist. Stattdessen hat sie auf verschiedenen Ebenen herauszuarbeiten versucht, welche Bedeutung diesem Jahr in der Zeitgeschichte seit dem Zweiten Weltkrieg zukommt: in einer Geschichte des politischen und sozialen Wandels, in einer Geschichte des Protests und seiner

Ausdrucksformen, in einer Geschichte der Massen- und Populärkultur, in einer Geschichte privater Lebensnormen und alltäglicher Lebensweisen.

Die Verwandlung in ein historisches Geschehen hat ‚1968' eher interessanter gemacht. In jedem Fall lässt sie es als einen denkbar vielschichtigen Ereigniskomplex erscheinen. Der Rhythmus der Gedenkjahre, welcher der historischen Forschung in den letzten Jahrzehnten und auch jetzt wieder zum 50. Jubiläum einen unverkennbar kräftigen Schub verliehen hat, mag daher auch vielfach mehr der Anlass als der Grund sein, sich mit ihm auseinanderzusetzen. Die Geschehnisse des Jahres bieten eine Sonde für ein mehrfaches historisches Erkenntnisinteresse. Einerseits lassen sich an ihnen historische Grundfragen der zweiten Hälfte des 20. Jahrhunderts untersuchen: das Verhältnis von gradueller Gesellschaftsveränderung und eruptiven Forderungen nach Umbruch; die Beziehung, in der dabei nationale Determinanten, internationale Gemeinsamkeiten und transnationale Dynamiken standen; sowie nicht zuletzt der Zusammenhang von idealistischer Rebellion, gewaltsamer Radikalisierung und staatlicher Repression. Andererseits erwiesen sich die Ereignisse von ‚1968' nicht nur in der Bundesrepublik, sondern in zahlreichen Ländern als denkbar wirkmächtig. Denn unabhängig von ihren Resultaten stießen die Unruhen und Debatten praktisch überall Veränderungen an – ob nun tatsächlich neue lebensweltliche oder politische Freiräume erobert wurden, ob Staaten lernten, ihre Bevölkerung besser zu kontrollieren, oder ob aus dem Scheitern der Veränderungshoffnungen neue politische Projekte erwuchsen. Auf die eine oder andere Weise war 1968 fast überall ein transformatives Jahr.

Der vorliegende Band nimmt diese doppelte Perspektive ein. In der Untersuchung der spezifischen Abläufe und Konstellationen des Jahres möchte er ‚1968‘ zugleich in größere historische Entwicklungslinien der zweiten Jahrhunderthälfte einordnen und diese genauer vermessen. Dies versucht er in Form einer räumlich weit gespannten Auswahl an symptomatischen Einzelstudien. Mit der Bundesrepublik (*Jan Eckel*), den USA (*Georg Schild*), Frankreich (*Johannes Großmann*), der Tschechoslowakei (*Klaus Gestwa*) und Mexiko (*Bernd-Stefan Grewe*) treten dabei Länder aus verschiedenen Weltregionen in den Blick. Die Autoren beleuchten die Eigenheiten der nationalen Szenerien, berücksichtigen aber auch deren Verflechtung mit Ereignissen und Entwicklungen jenseits der staatlichen Grenzen. Die Nationalgeschichten werden ergänzt um eine globalhistorische Reflexion (als Teil des Beitrags von *Jan Eckel*) und eine Lokalstudie Tübingens (*Bernd Jürgen Warneken*). Mit dieser richtet sich der Fokus nicht nur auf den lokalen Raum, in dem sich die Proteste stets konkret abspielten, sondern auch auf einen Ort abseits der Zentren der Revolte, der gleichwohl auf vielfältige Weise mit dem nationalen und internationalen Geschehen in Beziehung stand. Die Beiträge fragen nach den Ursachen, den Folgen, aber auch den Grenzen der drängenden Versuche, die staatliche Autorität und gesellschaftliche Konventionen aufzubrechen, die 1968 in so aufsehenerregenden Formen zutage traten. Dabei geht es um die politische ebenso wie um die kulturelle Dimension der Erneuerungsvorstellungen. Dass sich beides nicht voneinander trennen ließ, zeigt der Aufsatz über das Musical „Hair“, der mit der Popmusik zugleich einem der entscheidenden Medien der Revolte nachgeht (*Horst Tonn*).

Auch „Hair“ illustriert die transnationale Verflechtung der Gesellschaftskritik und der Auflehnung gegen als verkrustet wahrgenommene Strukturen, da seine Botschaft zahlreiche Länder erreichte. Der Form nach handelt es sich bei den Beiträgen um essayistische Studien, die ganz überwiegend auf einer Synthese der vorliegenden und zumeist breiten Forschungsliteratur beruhen.

In den Befunden zeichnet sich zunächst ein chronologisches Muster ab. Im Länderpanorama betrachtet, fällt die Hochphase der öffentlichkeitswirksamen Proteste und der von ihnen ausgelösten, zumeist gewaltsamen politischen Konfrontationen in die Jahre 1967 bis 1969. Diese Phase wiederum stellte durchweg die Klimax eines sozialen Veränderungsschubs dar, der schon geraume Zeit vorher und spätestens am Ende der fünfziger Jahre eingesetzt hatte. In den westeuropäischen Ländern hatten sich die Gesellschaften stark verjüngt, und der Massenwohlstand war inzwischen zur Normalität – und somit für die jüngere Generation hinterfragbar geworden. Politikstile, Lebensweisen und kulturelle Orientierungen hatten begonnen, sich zu pluralisieren und zu liberalisieren. Daraus entstand ein zeitkritisches Potential, das sich umso schärfer gegen wahrgenommene autoritäre Überhänge und Bastionen sozialer Illiberalität richten konnte. In Osteuropa hatten die kommunistischen Regimes nach dem Tod Stalins und der Niederschlagung der Aufstände von der Mitte der fünfziger Jahre eine Art neuen Gesellschaftsvertrag mit ihren Bevölkerungen geschlossen. Er bot eine Zurücknahme der exzessiven Gewalt und begrenzte kulturelle Freiräume im Gegenzug für die Hinnahme des kommunistischen Herrschaftssystems. Doch nährte gerade die Pazifizierung der Diktaturen einen bald schon stärker werdenden Wunsch nach politischer Reform. Die Afroamerikaner wiederum sahen sich in einer schon viel länger währenden Situation der Entrechtung und nicht selten auch physischen Bedrohung. Dieser Erfahrungshintergrund und zumal die offensichtliche Vergeblichkeit des Versuchs, auf friedlichem Wege zu grundlegenden Verbesserungen zu gelangen, standen hinter den Gewaltausbrüchen der späten sechziger Jahre. In Mexiko schließlich hatte sich die Unzufriedenheit mit einem autoritär-oligarchischen Regime untergründig ebenfalls schon länger angebahnt, bevor Studierende im Jahr 1968 die Gunst der Stunde zu nutzen versuchten, die sie mit der Veranstaltung der Olympischen Spiele im Land gekommen sahen.

Schon in diesem Durchgang deutet sich an, dass der geographisch weite Blick denkbar unterschiedliche Geschichten des Jahres zutage fördert. Jedes Land – womöglich sogar jede Stadt – hatte sein oder ihr eigenes ‚1968'. Die Motive, die Formen und die Felder des Konflikts waren höchst vielgestaltig, je nachdem, ob das „Establishment", gegen das sich die Proteste richteten, ein konservativer demokratischer Rechtsstaat wie in Frankreich oder der Bundesrepublik, eine repressive Diktatur wie die Sowjetunion (einschließlich ihrer tschechoslowakischen Handlanger) oder ein zum kaltblütigen politischen Mord bereites autoritäres Regime wie in Mexiko war. Die Visionen der gesellschaftlichen Erneuerung wie auch die aus ihnen abgeleiteten politischen Forderungen wiesen in höchst unterschiedliche Richtungen. In der Tschechoslowakei ging es um ein Mindestmaß kultureller und politischer Ausdrucksmöglichkeiten, von denen westeuropäische Aktivistinnen und Aktivisten selbstverständlich Gebrauch machen konnten; manchen von ihnen schwebte dagegen eine Form von Sozialismus als Idealbild vor, die jenseits des „Eisernen Vorhangs" als eigentümlich wirklichkeitsfremd und durchaus abzulehnen galt. Ebenso spielten die nationalen Vergangenheiten auf unterschiedliche Weise in die Auseinandersetzungen hinein. Bildete die nationalsozialistische Herrschaft in der Bundesrepublik einen wichtigen Referenzpunkt, so in Frankreich die Résistance der Weltkriegsjahre und in den USA die Bilanz militärischer Auslandsinterventionen seit Beginn des „Kalten Kriegs". Das Problem der grassierenden rassistischen Diskriminierung wiederum wurde in den Vereinigten Staaten, nicht dagegen in den anderen hier untersuchten Ländern, zu einem entscheidenden Katalysator der Auflehnung gegen das „System". Das Tübinger Beispiel verdeutlicht in diesem Kontext eine spezifische lokale Dynamik. Spielten die gesellschaftlichen Konflikte, die im Westdeutschland der sechziger Jahre aufbrachen, im neulinken und universitären Milieu der Stadt schon früh eine merkliche Rolle und wurden vereinzelt sogar von hier aus vorangetrieben, so vollzog sich das Protestgeschehen im Kulminationsjahr 1968 in einer vergleichsweise zurückhaltenden und auf Ausgleich bedachten Form.

Und doch steht ‚1968' bei aller Diversität, welche die weltweiten Proteste der späten sechziger Jahren kennzeichnete, zugleich für eine geradezu verblüffende grenzübergreifende Koinzidenz und in mancher Hinsicht sogar Konvergenz. Auch dies machen die hier versammelten Essays deutlich. Dass in Dutzenden von Ländern auf allen Kontinenten praktisch gleichzeitig symbolkräftige Demonstrationen einer tief sitzenden Unzufriedenheit die politischen Landschaften erschütterten und schon länger schwelende gesellschaftliche Auseinandersetzungen für alle sichtbar eskalierten, war für sich genommen bereits ein bemerkenswertes historisches Faktum. Und zumindest eine substanzielle Parallele wies die politische Logik der Konfrontationen doch auf, ob sie sich nun in den USA oder in Frankreich abspielten, in der Tschechoslowakei oder in Mexiko – oder in anderen Ländern mehr. Denn überall wurde der Protest ganz wesentlich von Jugendlichen und jungen Erwachsenen getragen, und überall richtete er sich gegen eine von den herrschenden Eliten verkörperte politische Orthodoxie. Schließlich standen die weltweiten Unruhen in einem dichten kommunikativen Zusammenhang. Er entstand zum Teil, gerade etwa im transatlantischen Raum, dadurch, dass die Aktivistinnen und Aktivisten reisten und im Ausland Kontakte knüpften. Darüber hinaus kam es indes zu einer intensiven, über verschiedene Medien vermittelten wechselseitigen Beobachtung. Zahlreiche Trägerinnen und Träger der Revolten nahmen die Entwicklungen, die in anderen Ländern im Gange waren, mit größter Aufmerksamkeit zur Kenntnis. Der amerikanische Krieg in Vietnam, die Barrikaden des Pariser „Mai", die sowjetische Invasion Prags, das Massaker an Studierenden in Mexiko-Stadt, sie schienen alle in einem inneren Zusammenhang zu stehen. Kulturelle Chiffren konnten ohnehin frei zirkulieren – dafür liefert das Musical „Hair" ein anschauliches Beispiel, dessen künstlerische Gesellschaftskritik in vielen Ländern rezipiert, wenn auch mitunter unterschiedlich angeeignet wurde. Auf diesen Wegen entstand vielerorts die Wahrnehmung, es handele sich bei dem weltweiten Aufbegehren um einen gleichgerichteten Akt der Emanzipation und der Befreiung von einengenden politischen und kulturellen Normen. Sie verlieh dem Jahr 1968 eine besondere historische Signatur als globaler Moment.

Dieser Moment wiederum blieb flüchtig, und der dramatische Eklat war sehr bald vorüber; in den hier betrachteten Ländern ebbte der Aufruhr im Grunde schon 1968 wieder ab. Wie die Studien dieses Bandes zeigen, blieben die Nachwirkungen der tumultuösen Monate und Jahre in den Gesellschaften aber noch lange zu spüren. Sie nahmen indes einmal mehr höchst unterschiedliche, teilweise sogar gegenläufige Formen an. So entwickelten sich in der Bundesrepublik die gesellschaftlichen Veränderungsimpulse, zu deren Verfechtern sich die Protestierenden der späten sechziger Jahre gemacht hatten, auf evolutionäre und gerade dadurch breitenwirksame Weise in den Neuen Sozialen Bewegungen des folgenden Jahrzehnts fort. In den USA lässt sich das Jahr 1968 dagegen auch als Beginn einer konservativen Wende gegen den liberalen Zeitgeist interpretieren, welche die politische Kultur des Landes auf Jahrzehnte hinaus bestimmen sollte. Das Massaker, das mexikanische Sicherheitskräfte in Tlatelolco an Studierenden anrichteten, wurde anschließend auf staatliches Betreiben totgeschwiegen. Damit war nicht nur das Bemühen um politische Erneuerung gewaltsam unterdrückt worden, sondern es wurde nicht einmal die Erinnerung daran zugelassen, geschweige denn die Opfer anerkannt. Auch die Hoffnungen auf einen „Prager Frühling" waren bereits 1968 zerplatzt, in diesem Fall am kompromisslosen Herrschaftswillen der osteuropäischen Supermacht. Doch entstand daraus mittelfristig ein neuer Protest, der sich nun nicht mehr darauf richtete, das System als Ganzes umzuformen, sondern minimale, aber grundlegende menschenrechtliche Garantien zu erobern.

Von ihm aus führen wichtige Entwicklungsstränge zur Überwindung der kommunistischen Herrschaft im Jahr 1989 und damit zum nächsten globalen Moment, den die Welt erleben sollte.

Dieser Band geht auf eine Vorlesungsreihe zurück, die das Seminar für Zeitgeschichte zusammen mit dem Studium Generale im Sommersemester 2018 an der Universität Tübingen veranstaltet hat. Allen Kolleginnen und Kollegen, die sich mit Vorträgen an dieser Reihe beteiligt haben, sind wir für ihre Mitwirkung äußerst dankbar. Von ihren Impulsen haben alle hier abgedruckten Aufsätze beträchtlich profitiert. Ebenso dankbar sind wir für die großzügige finanzielle Unterstützung, die wir vom Tübinger Förderverein Geschichte und der Vereinigung der Freunde der Universität Tübingen erhalten haben. Sie hat es uns ermöglicht, die überarbeiteten Beiträge zügig zu veröffentlichen. Dass wir für diese Publikation den Tübinger Verlag Mohr Siebeck gewinnen konnten, freut uns nicht nur aus Gründen des lokalen Bezugs besonders. Stellvertretend, aber auch *ad personam* möchten wir uns bei Martina Kayser für die ideale Zusammenarbeit bedanken. Schließlich gilt Almut Holzem und Christopher Seiberlich unser großer Dank für ihre unverzichtbare redaktionelle Hilfe.

Widersprüchlicher Aufbruch

1968 in der Bundesrepublik und global

Jan Eckel

Gesellschaftlicher Wandel in der Bundesrepublik

Die markanten Stationen der westdeutschen Studentenbewegung sind längst zu medial vielfach bespiegelten Erinnerungsorten geworden. Ihre engere Vorgeschichte setzte ein, als sich der Sozialistische Deutsche Studentenbund (SDS) Anfang der sechziger Jahre als selbstverstandener Kern einer Neuen Linken programmatisch neu ausrichtete. Seit 1964/65 hob eine Kette von Protesten an, die zunächst der Redefreiheit und der studentischen Mitbestimmung galten, aber auch internationale Zusammenhänge im Blick hatten, wie die Demonstration anlässlich des Besuchs von Moïse Tshombé, des kongolesischen Diktators, verdeutlichte. Schnell schob sich die Agitation gegen den Vietnamkrieg in den Vordergrund, die ihren vorläufigen Höhepunkt im Februar 1966 mit einer tumultuösen Kundgebung vor dem Amerika-Haus in Berlin fand. Dann begann das eigentliche ‚1968', die Hochphase der auch gewaltsamen Auseinandersetzungen. Sie wurden von der Ermordung des Studenten Benno Ohnesorg ausgelöst, der im Juni 1967 nach den Protesten gegen den Staatsbesuch des iranischen Herrschers Reza Pahlavi erschossen wurde.

Nicht einmal ein Jahr später, nach der Verabschiedung der Notstandsgesetze im Mai 1968, verebbte die Bewegung dann ebenso rasch, wie sie aufgebrandet war, und löste sich in ihren inneren Zersplitterungen auf. Die Straßengewalt flackerte allerdings im Spätherbst noch einmal auf, wovon die „Schlacht am Tegeler Weg" in Berlin zeugte. Wohl die Hälfte aller Studierenden war in diesen Jahren auf die Straße gegangen und hatte damit das Geschehen vor allem in den Hochburgen Berlin und Frankfurt sowie daneben in einigen kleineren Universitätsstädten geprägt.

Historisch greift es allerdings deutlich zu kurz, die ikonisch gewordenen Ereignisse des jugendlichen Protests zu isolieren. Richtet man einen stärker panoramatischen Blick auf diese Jahre, so bietet die westdeutsche Gesellschaft ein komplexes und vielgestaltiges Bild, das sich nicht leicht auf einen Nenner bringen lässt. Die Sozialdemokratie war seit Kurzem erstmals in der Nachkriegsgeschichte an der Regierung beteiligt – Außenminister war Willy Brandt –, und die Große Koalition hatte sich ein durchaus wegweisendes Reformprogramm vorgenommen. Die geplante Notstandsgesetzgebung zog jedoch scharfe außerparlamentarische Kritik auf sich, und manche denunzierten sie sogar als eine Neuauflage des nationalsozialistischen Ermächtigungsgesetzes von 1933. Traditionelle Lebensmuster herrschten in vielen Bereichen noch deutlich vor, begannen aber zu erodieren: Weniger als ein Drittel der Ehefrauen war berufstätig, doch nahm ihre Zahl merklich zu; die kirchliche Bindung vor allem im katholischen Milieu war stark, doch begann die Zahl der Kirchenaustritte zu steigen. Wer ein anspruchsvolles Nachtleben suchte, konnte im Düsseldorfer Club *Creamcheese* zu einer multimedialen Licht- und Soundshow tanzen, die alle Sinne betörte; die meistverkaufte Single des Jahres war indes „Mama“ von Heintje. Noch war der Kuppeleiparagraph in Kraft, der es unter Strafe stellte, das Zusammenleben Unverheirateter zu dulden; gleichzeitig besaß die Bundesrepublik den wohl größten Pornographiemarkt der Welt. Studierende waren eine kleine elitäre Minderheit: Es gab rund 300 000 von ihnen, das entsprach etwa zehn Prozent der betreffenden Geburtsjahrgänge. Drei Viertel waren männlich, nahezu alle waren bürgerlicher Herkunft, und beruflich besaßen sie glänzende Zukunftsaussichten. Auf den frühen Kundgebungen trugen viele der jungen Männer noch Anzug. Ihre politischen Forderungen stießen anfangs auch im „Establishment“ auf ausdrückliche Sympathie. Auf ihren Straßenmärschen konnten sie aber auch erleben, wie hasserfüllte ältere Passanten zischten, man solle sie doch „in den Osten“ schicken oder „besser gleich ins Gas“.[1]

Eine historische Einordnung von ‚1968‘ muss sich heute nicht mehr in erster Linie gegen die Tendenzen der Mythisierung richten. Diese leben zwar spürbar fort, doch ist ‚1968‘ seit gut 20 Jahren zum Gegenstand distanzierter geschichtswissenschaftlicher Erklärungsversuche geworden. Eine historische Einordnung muss sich aber, das zeigen diese Episoden, auf Ambivalenzen und Schattierungen einlassen. Und dafür sollte sie mit einem negativen Befund beginnen: mit dem, was ‚1968‘ nicht war. Einen nachgeholten Gründungsakt nämlich, durch den der nur äußerlich freiheitliche Rahmen der Bundesrepublik endlich mit innerem demokratischen Leben gefüllt, der

[1] Günter Franzen, „Nach Auschwitz. Zur Identitätsproblematik der ‚68er‘“, *Psyche* 60 (2006), 573–581, hier 574.

restaurative Muff des Bonner Biedermeier erstmals kulturell durchlüftet worden wäre – einen solchen Akt stellten die Proteste der späten sechziger Jahre nicht dar. Sie kamen vielmehr am Ende einer gut zehnjährigen Phase, in der sich die westdeutsche Gesellschaft ebenso rasant wie tiefgreifend verwandelt hatte. Ziviler Ungehorsam hatte sich auf breiter Grundlage bereits am Ende der fünfziger Jahre geltend gemacht, in der „Kampf dem Atomtod"-Bewegung, welche die atomare Aufrüstung der Bundeswehr verhindern wollte. Die anfänglich ausgesprochen kleine Ostermarschbewegung trug anschließend manche der Impulse fort und mündete bald in die Proteste gegen die Notstandsgesetzgebung, die ins unmittelbare Vorfeld von ‚1968' führen. Zudem war, spätestens seit Georg Picht 1964 die „Bildungskatastrophe" ausgerufen hatte, eine Debatte über die soziale Öffnung und die Demokratisierung der Hochschulen entbrannt.[2] Um dieselbe Zeit wurden auch die Stimmen kritischer Intellektueller immer vernehmlicher, welche die autoritären Überhänge der Bundesrepublik sezierten und ihnen ein Bekenntnis zur Pluralität, zum offenen Konfliktaustrag und zur Erweiterung individueller Freiheiten entgegenstellten – Ralf Dahrendorfs Buch *Gesellschaft und Demokratie* erschien 1965.[3] In den Medien etablierte sich eine politisierte „Zeitkritik" als neues, bald schon hegemonial erscheinendes Paradigma. Beschleunigt durch die Empörung über die Durchsuchung der Redaktionsräume des *Spiegel* 1962 im Zuge der sogenannten *Spiegel*-Affäre, gerieten

[2] Vgl. Georg Picht, *Die deutsche Bildungskatastrophe. Analyse und Dokumentation*, Olten 1964.

[3] Vgl. Ralf Dahrendorf, *Gesellschaft und Demokratie in Deutschland*, München 1965.

obrigkeitliches Gebaren, autoritäre Regierungsweisen und ein exklusives Politikverständnis immer stärker unter verbalen Beschuss. Dies geschah im *Spiegel* selbst, aber auch in der *Zeit* und den Illustrierten *Stern* und *Quick*, die alle eine „zeitkritische“ Wende vollzogen, sowie nicht zuletzt in den neuartigen politischen Magazinen im Fernsehen.

Nicht weniger als eine Zeitenwende vollzog sich im gesellschaftlichen Umgang mit der NS-Vergangenheit. Seit den späten fünfziger Jahren kam es zu einer Reihe spektakulärer Gerichtsprozesse gegen NS-Täter, darunter vor allem der Eichmann-Prozess von 1961 und der Auschwitz-Prozess von 1963, in deren Zuge sich überhaupt erstmals ein Bewusstsein für die Dimension der deutschen Verbrechen während des Zweiten Weltkriegs herausbildete und für den zentralen Stellenwert, welcher der Ermordung der europäischen Juden dabei zukam. Immer neue, aus der DDR befeuerte Enthüllungen über die Karrieren, die hochrangige westdeutsche Politiker und Beamte während des „Dritten Reichs“ gemacht hatten, schärften zudem den Blick für die belastenden, moralisch höchst fragwürdigen Kontinuitäten, die über den Systemwechsel von 1945/49 hinwegreichten.

Auch blieben die dynamischen Aufbrüche dieser Jahre nicht auf die Politik beschränkt. Sie erstreckten sich ebenso auf gesellschaftliche Konventionen, kulturelle Ausdrucksformen und Lebensweisen. Pädagogen begannen, die überkommenen schulischen Erziehungsmethoden zu kritisieren; neue subkulturelle Milieus entstanden, seien es die Gammler, die Beatniks oder andere. Geradezu epochale Veränderungen vollzogen sich im Bereich der Sexualität. Die öffentliche Darstellung und Thematisierung von Sexualität gewannen immens an Raum, ob in

Form von Nacktbildern in Illustrierten oder der gut gemeinten Aufklärungsfilme Oswalt Kolles (ab 1967), ob in Form der Beate Uhse-Läden, die ab 1965 Sexspielzeug und aufreizende Wäsche zum Verkauf boten, oder des rapide wachsenden Geschäfts mit der Pornographie. Es veränderten sich aber auch die Einstellungen: Voreheliche Sexualbeziehungen waren schon Mitte der sechziger Jahre von einer Mehrheit akzeptiert, einer Mehrheit nicht nur der jungen Menschen, sondern zumindest auch der mittleren Generation. Die Antibabypille, eine säkulare Erfindung, erlaubte es immer mehr Menschen, wenn auch zu diesem Zeitpunkt noch nicht sehr vielen, solche Beziehungen angstfrei auszuleben.

Alle diese Tendenzen der politischen Liberalisierung wie auch die Lebensstilrevolutionen waren schließlich in breitere Prozesse des Wandels eingefasst: die Ankunft eines Massenwohlstands, die gewachsene institutionelle Stabilität, das Zurücktreten der wahrgenommenen Bedrohung durch den „Kalten Krieg" nach den dramatischen Krisen um 1960 und nicht zuletzt eine immense Verjüngung der Gesellschaft.

Somit befand sich also der Glaube an traditionelle Hierarchien, überkommene Rollenmuster, illiberale Normierungen und vermeintliche Werte wie Ordnung, Gehorsam oder Pflichterfüllung schon vor dem Ende der sechziger Jahre auf einem unübersehbaren Rückzug. Der Wunsch nach einem offeneren Leben, nach pluraler Selbstentfaltung, nach Gleichberechtigung, nach Partizipation, nach einer diskursiven Begründung legitimer Normen, hatte sich auf wichtigen gesellschaftlichen Feldern bereits Bahn gebrochen und Veränderungen in Gang gesetzt, die sich als äußerst nachhaltig erweisen sollten. Ein scharfer generationeller Gegensatz zeichnete sich bei alledem nicht ab. Im Gegenteil stellten gerade die um 1930 Geborenen – die Generation der „45er" – eine entscheidende Trägergruppe der Reformimpulse dar.[4] Sie hatten den Nationalsozialismus als Kinder und Jugendliche noch erlebt und daraus nach 1945 die Lehre gezogen, dass es die Demokratie aktiv zu befestigen gelte. Die Möglichkeit dazu erhielten sie, weil sie früh schon in Führungspositionen einrückten. Als die Studierenden Ende der sechziger Jahre zu revoltieren begannen, fanden sie für die Substanz ihrer Forderungen die längste Zeit große Unterstützung von linksliberalen Professoren und medialen Meinungsführern, die sich oftmals aus diesen Jahrgängen rekrutierten. Dass es sich bei ‚1968' um einen generationellen Konflikt handele, war in erster Linie eine Selbstwahrnehmung der Protestierenden und eine Stilisierung, die wiederum vom Gros der zeitgenössischen medialen Darstellungen in hohem Maße mitproduziert wurde.

Eruptive Zuspitzung: 1968

Zu betonen, dass sich die 68er-Bewegung nicht als Vorhut der gesellschaftlichen Öffnung begreifen lässt, sondern als deren Produkt, bedeutet wiederum nicht, ihr die historische Bedeutung abzusprechen. Ihre transformierende Wirkung lag darin, Ansätze des soziokulturellen Wandels, durch die sie selbst überhaupt erst möglich geworden war, breitenwirksam öffentlich bewusst zu machen, in einigen

---

[4] Vgl. Dirk A. Moses, *German Intellectuals and the Nazi Past*, Cambridge 2007, 55–73 (Kapitel „The Forty-fivers. A Generation between Fascism and Democracy").

Bereichen dramatisch voranzutreiben, in manchen auch zu radikalisieren. Sie „trug dazu bei, die zuvor bereits angelegten Entwicklungen hin zu einer weniger autoritären, liberaleren Gesellschaft zu beschleunigen und zu verbreitern."[5] So bedeutete das Protestgeschehen dieser Jahre eine Explosion utopischer Energien, wie man sie in der Bundesrepublik – und in anderen Nachkriegsgesellschaften – zuvor nicht gesehen hatte: eine lautstarke, bunte, vor Zukunftsgewissheit nur so strotzende Manifestation des Glaubens, die Welt verändern zu können – und zwar als Ganze und möglichst sofort. Sie sollte eine Welt sein, welche gleichberechtigte Teilhabe an der Gesellschaft erlauben würde, Mitbestimmung in einem transparenten politischen Prozess, die kritische Diskussion über Missstände; und ebenso die kreative Selbstverwirklichung, kulturelle Vielfalt und den schieren Lebensgenuss. Das war das Programm, das sich im Aktivismus der meisten der heterogenen Gruppen als gemeinsamer Kern herausschälte. Und das alles war durchaus ein Novum; neu war „die Globalität der ‚um 68' formulierten Gestaltungsansprüche und Selbstzuschreibungen, und neu war die in alles gelegte Intensität".[6]

Die Formen des Protests und der „direkten Aktion", in denen sich diese Forderungen Ausdruck verschafften, waren oft ganz unmittelbar der afroamerikanischen Bürgerrechtsbewegung entlehnt, hatten aber zumeist eine noch längere Geschichte. Und doch popularisierten die

---

[5] Ulrich Herbert, *Geschichte Deutschlands im 20. Jahrhundert*, München 2014, 862.

[6] Norbert Frei, *1968. Jugendrevolte und globaler Protest*, München 2008, 210, (= Frei, 1968).

68er-Bewegungen diese Techniken des Aufbegehrens nicht nur. Sie fügten ihnen überdies ein fantasievolles, humoristisches, ironisch entlarvendes Moment hinzu. Das galt für das Seifenblasenpusten, mit dem der Kommunarde Rainer Langhans Polizeieinsätze begleitete, oder für das Pudding-Attentat, das der Berliner SDS auf den amerikanischen Vizepräsidenten Humphrey plante. Das galt auch für den sogenannten Spaziergangprotest in Berlin 1966, bei dem Studierende im Namen des „Ausschusses ‚Rettet die Polizei' e. V." ein Flugblatt verteilten, in dem sie die 35-Stunden-Woche für Polizisten forderten: „damit sie mehr Zeit zum Lesen haben, mehr Muße für die Bräute und Ehefrauen, um im Liebesspiel die Aggressionen zu verlieren, mehr Zeit zum Diskutieren, um den alten Passanten die Demokratie zu erklären".[7]

Das eigentliche Vermächtnis der Bewegung lag indes woanders: in der Verschränkung von Privatisierung der Politik und Politisierung des Privaten. Darin bestand ein wichtiger ideeller Ansatzpunkt für gesellschaftliche Strömungen, die später, in den siebziger und achtziger Jahren, das Politikverständnis und das Alltagsleben in der Bundesrepublik mit einer erheblichen Breitenwirkung umgestalten sollten. So schwer sich die Langzeitfolgen von ‚1968' im Einzelnen messen lassen, gab es doch greifbare Verbindungen zwischen den Protesten jener Jahre und den Projekten der Gesellschaftsveränderung, die schon bald die sogenannten Neuen Sozialen Bewegungen und das sich mit diesen vielfach überlappende alternative Milieu auf den Weg zu bringen versuchten. Solche Verbindungen persönlicher, institutioneller und

[7] Zitiert nach Frei, 1968, 110.

intellektueller Art prägten etwa die Umweltbewegung, die Friedensbewegung und wohl auch den Einsatz für diskriminierte Minderheiten wie Homosexuelle, Behinderte oder Psychiatriepatienten. Ebenso verhielt es sich mit der Frauenbewegung. Dem weiblichen Engagement von 1968 und der Rolle der Frauen als „Vorhut des historischen Wertewandels" sind weder zeitgenössisch noch in der Regel retrospektiv die Bedeutung zugemessen worden, die sie tatsächlich besaßen.[8] Studentische Aktivistinnen empfanden sich fast durchweg als zurückgesetzt – relegiert auf Kaffeekochen und Flugblättertippen – und politisch von ihren Kommilitonen nicht ernst genommen. Dagegen regte sich Widerstand. Seinen ikonischen Akt fand er, als Sigrid Damm-Rüger im September 1968 auf einem Frankfurter SDS-Kongress das rein männlich besetzte Podium mit Tomatenwürfen eindeckte, weil es sich weigerte, die Rolle der Frauen zu diskutieren. Erste Frauengruppen wie der Berliner Aktionsrat zur Befreiung der Frauen oder der Frankfurter Weiberrat warfen den männlichen Protagonisten der Revolte vor, die bürgerlichen Verhaltensweisen, die sie politisch denunzierten, im privaten Bereich zu reproduzieren. Eines der ersten praktischen Projekte waren die sogenannten Kinderläden, die ursprünglich dazu dienen sollten, jungen Frauen, die sich nahezu allein um die Kindererziehung zu kümmern hatten, die politische Arbeit überhaupt zu ermöglichen. Von diesen Gruppen führt eine direkte Linie zur Frauenbewegung der siebziger Jahre. Sie erweiterte das Themenspektrum – um Fragen der sexuellen Selbstbestimmung,

---

[8] Christina von Hodenberg, *Das andere Achtundsechzig. Gesellschaftsgeschichte einer Revolte*, München 2018, 145.

des Schwangerschaftsabbruchs, der sexuellen Gewalt, der Ungleichheit in Beruf und Politik –, wuchs dabei nun gesellschaftlich in die Breite und erzielte auch erstmals öffentliche Resonanz. Damit trug sie in hohem Maße, wenn auch sicherlich nicht im Alleingang, dazu bei, die überkommene Geschlechterordnung aufzubrechen, die in der gelebten Praxis auch 1968 noch wesentlich intakt geblieben war.

Aporien der Befreiung

Das utopische Potential der 68er-Bewegung und das öffentlichkeitswirksame Straßenspektakel, das die Protagonisten mit einem ausgeprägten Sinn für die mediale Selbstinszenierung hervorzurufen verstanden, sind sicherlich zwei vorrangige Gründe, warum ‚1968' auch heute noch einen herausgehobenen Referenzpunkt der historischen Erinnerung darstellt. Das Geschehen dieser Jahre führt aber auch noch einen anderen, durch und durch ambivalenten Zusammenhang vor Augen, der für das Verständnis moderner Gesellschaften vielleicht noch wichtiger ist: dass die eruptive Befreiung von gesellschaftlichen Zwängen ihren Preis hat.

‚1968' markiert die Rückkehr der Gewalt in die innenpolitische Auseinandersetzung westlicher Gesellschaften. Sie ging hervor aus einer wechselseitigen Eskalationsspirale, in der sich der zunächst ja friedliche studentische Protest, staatliche Abwehr und bisweilen maßloser polizeilicher Gewalteinsatz sowie Gegenreaktionen der Aktivisten zu einer bisweilen erschreckenden Brutalität hochschaukelten. In der Bundesrepublik stellte die Ermordung Benno Ohnesorgs am 2. Juni 1967 die entscheidende

Schwelle dar. Jetzt wurden in den studentischen Zirkeln überall erregte Debatten über die Notwendigkeit von Gegengewalt geführt. Vor allem lieferte dieser Mord subjektiv den stärksten Beleg für die Vorstellung, dass die Protestierenden prospektiv die physischen Opfer eines repressiven Staates seien, der vor keinem Mittel zurückschreckte. Diese Wahrnehmung wurde noch bekräftigt durch das Attentat auf Rudi Dutschke im April 1968, eine Woche nach der Ermordung Martin Luther Kings in Memphis. Die anschließenden Ausschreitungen gegen Druckereien des Springer-Verlags, der für die Schüsse auf Dutschke mitverantwortlich gemacht wurde, lösten die schwersten inneren Unruhen aus, die die Bundesrepublik bis dahin erlebt hatte, und forderten dabei zwei Todesopfer.

Gewalt gegen den Springer-Verlag in Berlin, April 1968.

Es ist in der Forschung zu Recht betont worden, dass diejenigen Aktivisten, die den Weg in den Terrorismus gingen, ein ausgesprochen kleiner, sich als radikale Avantgarde verstehender Teil waren. Und doch bleibt festzuhalten, dass die terroristische Gewalt, die die Bundesrepublik mindestens ein Jahrzehnt in Atem halten sollte, aus der Mitte von ‚1968' hervorging. Das gilt zunächst in dem faktischen Sinn, dass schon im April 1968 eine Gruppe aus dem Umfeld des Berliner SDS in Frankfurt zwei Kaufhäuser in Brand setzte, wobei mit Gudrun Ensslin und Andreas Baader zwei der späteren Gründer der RAF zu den Brandstiftern gehörten. Mit Dieter Kunzelmann führte eines der Gesichter des Studentenprotests von 1968 die terroristische Gruppierung Tupamaros West-Berlin an. Darüber hinaus aber durchzog die terroristischen Zirkel ein Vorstellungskomplex, der für ‚1968' konstitutiv war: dass die Bundesrepublik ein faschistischer, unheilbar autoritärer, eliminatorischer Staat sei, den man durch gezielte Provokation dazu bringen müsse, seine liberale Maske fallen und seine systemimmanente Gewalttätigkeit hervortreten zu lassen. Dieser Vorstellungskomplex steigerte sich hier zu einem hoch ideologisierten, gegen jede Außenwahrnehmung gleichsam abgekapselten und eben sehr blutigen Extrem.

Im Faschismusvorwurf, der in studentischen und linksintellektuellen Kreisen eine verbreitete Diagnose der westdeutschen Wirklichkeit darstellte und keineswegs auf Terrorgruppen beschränkt war, deutet sich eine weitere Ambivalenz bereits an. Das Erschrecken über die Verbrechen des Nationalsozialismus, Gefühle der Wut und der Scham darüber, dass sie so lange beschwiegen worden waren und sich hohe Funktionsträger des „Dritten Reiches" in der Bundesrepublik komfortabel hatten einrichten können, bildete eine wichtige Triebkraft der 68er-Bewegung und ein Spezifikum der deutschen Entwicklung. „Nazi-Richter, Nazi-Staatsanwälte, Nazi-Gesetzgeber aller Couleur", so lautete die stakkatohafte Aufzählung auf einem Handzettel wohl von 1967, „Nazi-Polizisten, Nazi-Beamte, Nazi-Verfassungsschützer, Nazi-Lehrer, Nazi-Professoren, Nazi-Pfaffen. Machen wir Schluss damit, daß nazistische Rassenhetzer, daß die Juden-Mörder, die Slawen-Killer, die Sozialisten-Schlächter, daß die ganze Nazi-Scheiße von gestern weiterhin ihren Gestank über unsere Generation bringt."[9] Mit diesem Bild, das die Studierenden von den westdeutschen Institutionen zeichneten, hatten sie recht; gemessen an dem, was wir heute wissen, ging das wahre Ausmaß der NS-Kontinuitäten eher noch über das hinaus, was die Protagonisten der Revolte damals ahnten. Und doch schlug dieser vergangenheitskritische Ansatzpunkt sehr bald in eine rein instrumentelle Argumentation um. Ihr ging es ausschließlich darum, den westdeutschen Staat zu delegitimieren – nicht darum, sich mit der nationalsozialistischen Verbrechenspolitik historisch konkret auseinanderzusetzen. Die Identität von „Drittem Reich" und Bundesrepublik, die über den Faschismusvorwurf hergestellt wurde, verwischte nicht nur den eklatanten Unterschied zwischen Diktatur und Rechtsstaat; sondern sie entkontextualisierte die Geschichte des Nationalsozialismus und verharmloste sie sogar, wenn etwa die Juden als

---

[9] Zitiert nach Wilfried Mausbach, „Wende um 360 Grad? Nationalsozialismus und Judenvernichtung in der ‚zweiten Gründungsphase' der Bundesrepublik", in: Christina von Hodenberg/Detlef Siegfried (Hgg.), *Wo 1968 liegt. Reform und Revolte in der Geschichte der Bundesrepublik*, Göttingen 2006, 15–47, hier 28 f.

letztlich austauschbare Opfer eines universell repressiven Systems erschienen.

Die Aporien und Kehrseiten von ‚1968' zeigten sich aber nicht nur auf dem Feld der politischen Deutung und des politischen Handelns, sondern ebenso im Bereich der kulturellen Aufbrüche und der Lebensstilexperimente. Die Populärkultur reflektierte dies sozusagen bereits im Vollzug: „Freedom's just another word for nothin' left to lose", sang Janis Joplin 1970 in dem Song „Me and Bobby McGee", und verband das mit einer erstaunlichen Absage an die Zukunft: „I'd trade all of my tomorrows for a single yesterday". Schon im Jahr zuvor war mit „Easy Rider" der am meisten missverstandene Film der sechziger Jahre in die Kinos gekommen. Das Road Movie über die beiden ungleichen Biker war allenfalls auf der Oberfläche eine synästhetische Feier des Ausbruchs aus starren gesellschaftlichen Konventionen. Eigentlich bildete es, in Form eines düsteren Anti-Western, eine Reise ab, die aus der scheiternden *counterculture* unausweichlich in den Tod führte, der ihr als Möglichkeit von Anfang an innewohnte. Das einzige Drogenerlebnis etwa, das der Film darstellte, brachte gerade keine euphorisierende Erweiterung der „doors of perception", sondern einen „schlechten Trip" voller beklemmender Angstvisionen.

Schon bald zeichnete sich außerdem ab, dass die befreite Sexualität neue Zwänge, neue Normierungen und neue Sagbarkeitsregeln produzierte. Indem das Sexualleben als Schlüssel zur Überwindung der „autoritären" Persönlichkeit wie auch Gesellschaft überhöht wurde, erhielt es eine Bedeutung, die Enttäuschungen und neue Blockaden vorprogrammierte – das sollten Teile der 68er-Bewegung ebenso erfahren wie später viele Angehörige des alternativen Milieus. Das Polygamiegebot, das sich bis hin zu einer Art orgasmatischem Leistungsdruck steigern konnte, verband sich mit der Absage an Bindung und Sentimentalität, die viele junge Menschen als Einengung und Verlust erlebten. Es wurden neue Konformitätserwartungen geschaffen, die kaum weniger intolerant erscheinen als diejenigen, gegen die sie sich richteten – etwa in der kategorischen Verdammung vaginalen Geschlechtsverkehrs in Teilen der Frauenbewegung der siebziger Jahre. Die „Technologien des Selbst" – so der Begriff Michel Foucaults, der ja ein Produkt des alternativen Milieus war, dessen Prämissen und Praktiken er in *statu nascendi* theoretisierte – waren auch Techniken der permanenten Selbstregulierung und Selbstoptimierung.[10]

Schließlich gingen Protest und Konsum am Ende der sechziger Jahre eine enge Verbindung ein, wobei sich beide Seiten aufeinander zubewegten. Die sogenannte Mao-Bibel war nicht das einzige Accessoire der Revolte, das zu einem beliebten Verkaufsobjekt avancierte – 1967 wurden fast 100 000 Exemplare verkauft. Die Kommune I beteilige sich sogar am Handel, um sich dadurch zu finanzieren. Die Konsum- und Werbeindustrie ihrerseits war denkbar schnell dabei, die Impulse der subkulturellen Kreativität und des revolutionären Chic aufzugreifen, um ihre Produkte unter jungen Erwachsenen abzusetzen – dass sie als eigenständige Konsumentengruppe entdeckt worden waren, stellte auch eine Folge des gesellschaftlichen Wandels der sechziger Jahre dar. Die hedonistische Lebenslust, eine wichtige Ingredienz des 68er-Protests, nahm hier nun eine vollständig durchkommerzialisierte Form an: Jetzt

[10] Vgl. Michel Foucault, *Technologien des Selbst*, Frankfurt 1993.

waren es Hippieklamotten, Schallplatten oder Afri Cola – 1968 in der berühmten Kampagne von Charles Wilp beworben –, deren Erwerb persönliche Emanzipation und freie Selbstentfaltung verhieß.

‚1968' in weltweitem Maßstab

Mao und die ubiquitäre Popmusik liefern dabei zwei keineswegs abseitige Hinweise darauf, dass sich die politisch-kulturelle Revolte der späten sechziger Jahre im nationalen Rahmen gar nicht vollständig begreifen lässt. Es war für die Bedeutung von ‚1968' konstitutiv, dass es sich um einen in hohem Maße grenzüberschreitenden Ereigniskomplex handelte. Man hat für dieses Jahr studentische Proteste in 56 Staaten gezählt, davon 32 im globalen Süden. Und sie waren nur ein, wenn auch sicherlich großer, Teil der Unruhen dieser Jahre. Diese Unruhen waren zweifellos denkbar unterschiedlich gelagert und in jedem Land gaben nationale Bedingungsfaktoren dem Aufbegehren ein spezifisches Gepräge. Wenige Schlaglichter mögen hier genügen: In den USA wurden mehrere Großstädte von Gewaltausbrüchen erschüttert, welche die afroamerikanischen Ghettos buchstäblich in Flammen aufgehen ließen. Sie entzündeten sich an dem tödlichen rassistischen Hass, der im Attentat auf den Anführer der friedlichen Bürgerrechtsbewegung einmal mehr zutage getreten war. Erwachsen waren sie aber auf dem breiteren Untergrund materieller Verelendung, in der zahlreiche Afroamerikaner ganz ungeachtet der formalen staatsbürgerlichen Gleichheit lebten, die ihnen inzwischen verbrieft worden war. Im Senegal richteten sich wütende Proteste gegen Léopold Senghor, den ersten Staatspräsidenten des unabhängigen Landes, dem Studierende vorwarfen, zu enge Beziehungen zur ehemaligen Kolonialmacht Frankreich zu pflegen und damit dem Neokolonialismus Tür und Tor zu öffnen. In Chile ereignete sich eine Gebäudebesetzung der anderen Art: Etwa 200 jüngere katholische Geistliche und Laien okkupierten die Kathedrale von Santiago, um die kirchliche Obrigkeit im befreiungstheologischen Sinn auf den Kampf gegen Armut und Unterdrückung zu verpflichten. In Polen wurden die studentischen Unruhen von der Absetzung eines Theaterstücks ausgelöst, dessen Inszenierung sich antisowjetisch deuten ließ, und kristallisierten sich zunächst in der Forderung nach Meinungsfreiheit und Freiheit der Kunst. Systemkritische Intellektuelle setzten sich in diesen Jahren, ähnlich wie in der Tschechoslowakei, für einen reformierten Sozialismus ein, nicht etwa für ein freiheitlich-demokratisches System, wie es im Westen herrschte. In China schließlich begann die Revolution 1968, ihre Kinder zu fressen (die oft buchstäblich Kinder waren). Die Armee warf die jugendlichen Roten Garden nieder, welche die von Mao zwei Jahre zuvor entfesselte Kulturrevolution maßgeblich getragen hatten – eine Orgie der Gewalt, die jeder Rationalität zu entbehren schien, im Kern aber dem Machterhalt des obersten Führers dienen sollte. Die chinesische Kulturrevolution sperrt sich letztlich überhaupt gegen die Einordnung in ein emphatisch verstandenes ‚1968'; Teil einer weltweiten Welle der Selbstbefreiung war sie lediglich in den Augen hoch ideologisierter westlicher Aktivisten.

So verschieden sich die nationalen Entwicklungen also darstellten, etablierte sich in dieser Zeit gleichwohl ein wirkmächtiger globaler Wahrnehmungszusammenhang.

Gerade das Jahr 1968 brachte eine ganze Reihe katalysierender Ereignisse, die in allen Erdteilen lebhaft rezipiert und als Ausdruck einer weltweiten politischen Gärung begriffen wurden: die nordvietnamesische Tet-Offensive im Januar, den internationalen Vietnam-Kongress in West-Berlin im Februar, die Morde an Martin Luther King und Robert Kennedy im April und Juni, die Barrikadenkämpfe des „französischen Mai", die sowjetische Invasion Prags im August. In den selben Monat fiel der brutale Polizeieinsatz gegen die Demonstrationen anlässlich des Parteitags der Demokraten in Chicago – wobei es für die intensive wechselseitige Beobachtung sprach, dass die Demonstranten die Formel „Czecago" prägten –, und im Oktober schließlich ereignete sich das Massaker an Hunderten von Studenten in Mexico-Stadt. Die Klammer, welche die Proteste der späten sechziger Jahre in vielen Ländern am stärksten verband, bildete dabei der Vietnamkrieg. Er wurde von Gegnern überall als Beleg für den moralischen und politischen Bankrott nicht nur der westlichen Führungsmacht USA, sondern des demokratisch-kapitalistischen Systems insgesamt gewertet – wie auch für den stets in ihm schlummernden Vernichtungswahn.

Es hing stark mit solchen Deutungen zusammen, dass sich die Revoltierenden als Teil eines alle Kontinente erfassenden und sie zusammenschließenden Kampfes verstanden, eines Kampfes gegen kapitalistische Ausbeutung, gegen staatliche Unterdrückung, gegen Imperialismus und für internationale Solidarität. Befestigt wurde dies durch die zahlreichen Kontakte und Besuche, durch die sich die Protestbewegungen transnational dicht vernetzten. Der Internationalismus, den die westliche Studentenbewegung dabei an den Tag legte, war in den späteren fünfziger

Jahren in Kreisen der Neuen Linken geprägt worden, zumal in der Auseinandersetzung mit dem Algerienkrieg, und erlebte nunmehr seinen breitflächigen Durchbruch. Demnach erschien die „Dritte Welt" als Subjekt einer Revolution im Weltmaßstab, welche die Kraft für eine Erneuerung auch des Westens freisetzen würde. Das reichte soweit, dass europäische Studierende ihren Kampf mit demjenigen antikolonialer Befreiungsbewegungen, afroamerikanischer Aktivisten und militanter Palästinensergruppen identifizierten – und alle diese Bewegungen miteinander. Denn sie alle führten dieser Deutung zufolge eine und dieselbe Grundkonstellation durch: das revolutionäre Aufbegehren gegen die Mechanismen faschistisch-(neo)kolonialer Unterdrückung. Gleichsam folgerichtig erkoren sich die Protestierenden in den westlichen Metropolen neben dem erwähnten Mao Frantz Fanon, Che Guevara und Ho Chi Minh zu Säulenheiligen ihrer vermeintlich weltweiten Erhebung.

Doch gerade, wenn man einen globalhistorischen Blickwinkel einnimmt, stellt sich die Frage nach der Bedeutung der stark jugendlich geprägten Rebellionen noch einmal anders, nämlich als Frage danach, welcher

Anti-Vietnamkriegsdemonstration in West-Berlin, Februar 1968.

Stellenwert ihnen innerhalb des weltweiten politischen Geschehens zukommt. Betrachtet man die Jahre um 1968 in ihrer Gesamtheit, so lassen sie sich kaum auf diese Protestwellen reduzieren, sondern waren ein Kreuzungspunkt auch noch für andere bedeutsame Entwicklungslinien. Wiederum sei nur auf wenige Schlüsselprozesse verwiesen. Während man die Studentenproteste in Südeuropa – in Spanien, Portugal und Griechenland – als Anzeichen einer Erosion der Militärdiktaturen verstehen kann, die Mitte der siebziger Jahre tatsächlich überwunden sein sollten, verhielt es sich in Südamerika anders. Hier war der politische Aufruhr der sechziger Jahre ganz im Gegenteil ein Katalysator für die verheerendste Welle militärischer Herrschaft, die der Kontinent je gesehen hatte. Das brasilianische Militärregime leitete 1969 die Hochphase seiner Repressionen ein; in Uruguay, Chile und Argentinien etablierten sich bis Mitte der siebziger Jahre Militärdiktaturen eines neuen, extrem gewalttätigen Typs. Diese Diktaturen, radikalisiert durch den Glauben, sich gegen den Ansturm einer militant-subversiven Linken wehren zu müssen, hielten die Kontrolle in ihren Ländern bis Mitte, zum Teil bis Ende der achtziger Jahre in den Händen. Chile wurde dabei unter der Herrschaft Augusto Pinochets zum ersten Experimentierfeld einer ökonomischen „Neoliberalisierung" nach den Rezepten Milton Friedmans, die anschließend einen so nachhaltigen Einfluss auf die Geschichte westlicher, in den neunziger Jahren dann osteuropäischer Wirtschaften und Gesellschaften ausüben sollten.

Im Nahen Osten waren allenthalben noch die Schockwellen zu spüren, die der Sechstagekrieg von 1967 ausgelöst hatte. Zeitgenössisch erschien er als dramatische

Veränderung des Status quo: Israel feierte seine „zweite Geburt“ als Siegernation, die ihren Opferstatus endlich überwunden habe.[11] Die arabische Welt hatte eine demütigende Niederlage erlebt und der militante, transnationale palästinensische Nationalismus nahm hier seinen Ausgang. Im Rückblick jedoch enthüllen sich die Jahre 1967/68 in dieser Region als Teil einer ganz langen historischen Kontinuität: als ein weiteres, eskalierendes Stadium in einem mittlerweile siebzig Jahre währenden Konflikt, der sich ungeachtet aller weltpolitischen Rhythmen stets fortzusetzen scheint.

Soviel Utopie die jugendliche Revolte zumal im Westen beschwor, so viel Dystopie fand sich tatsächlich im globalen Süden. Das traf auch auf das subsaharische Afrika zu. Hier traten auf ernüchternde Weise die inneren Grenzen der Dekolonisierung zutage. Das seit 1960 unabhängige Nigeria, in dem ethnisch, religiös und kulturell äußerst heterogene Gruppen von Menschen zusammenlebten, drohte in einem regionalen Machtkampf auseinanderzubrechen. Eine Abfolge von Putschen hatte Massaker an den Ibo ausgelöst, einer christlichen und vor allem im Südosten des Landes beheimateten Bevölkerungsgruppe. Diese Gewalttaten wiederum beschleunigten den Entschluss der südöstlichen Provinz, sich 1967 als Republik Biafra unabhängig zu erklären. In einem dreijährigen, auch mit der Waffe des Hungers betriebenen Krieg besiegte die nigerianische Zentralregierung das abtrünnige Biafra und befestigte so die Grenzen des postkolonialen Nigeria; das waren eben die Grenzen, welche die Kolonialherren dereinst gezogen hatten. Damit war besiegelt,

[11] Vgl. Tom Segev, *1967. Israels zweite Geburt*, München 2007.

welche historische Option es im dekolonisierten Raum nicht gab: die Formierung neuer Nationalstaaten im Namen der Selbstbestimmung.

Im Westen löste der nigerianische Bürgerkrieg seit Sommer 1968 eine Welle der Hilfsbereitschaft aus, die insofern zukunftsweisend war, als sie neuen Formen des zivilgesellschaftlichen Humanitarismus Auftrieb verlieh. So war die Hilfe für Biafra eine wichtige Erfahrung für eine Gruppe französischer Ärzte, die einige Jahre später die Organisation Médecins Sans Frontières mitbegründete. Aber war es überhaupt sinnvoll, Menschen vor Hunger und Gewalt zu bewahren, wo doch bald viel zu viele von ihnen auf der Welt leben würden? Bevölkerungsexperten hatten schon seit längerem Sorge angemeldet und ihre Sicht der Dinge trat ebenfalls 1968 in das grelle Licht der Öffentlichkeit. Paul Ehrlichs Bestseller *The Population Bomb* popularisierte ein Zukunftsszenario des *worst case*, demzufolge eine exponentiell wachsende Weltbevölkerung die Lebensgrundlagen des Planeten zerstören würde.[12] Ehrlichs Rezepte – von oben gelenkte, strikte Programme der Geburtenkontrolle und zwar vor allem in den sogenannten Entwicklungsländern – versuchten internationale Experten im Verbund mit westlichen Regierungen schon seit einigen Jahren umzusetzen. Dabei trafen sie auf das große Interesse zahlreicher postkolonialer Regierungen. Im Jahr 1970 waren in 23 Ländern des globalen Südens Bevölkerungskontrollprogramme im Gang, die in der Regel mit einer Mischung aus Anreiz und Zwang durchgeführt wurden, der bis hin zu erzwungenen Sterilisierungen reichen konnte. Von hier aus betrachtet, schien in diesen

[12] Vgl. Paul Ehrlich, *The Population Bomb*, New York 1968.

Jahren ein technologischer Machbarkeitsglaube globalen Ausmaßes, einschließlich seiner zutiefst illiberalen Seiten, ungebrochen.

Zur Signatur eines Jahres

Die Perspektivverschiebung auf diese anderen emblematischen Ereignisse des Zeitraums stellt ein nicht unwichtiges Korrektiv dar, wenn man darüber nachdenkt, welche Veränderungskraft der rasche historische Wandel der sechziger Jahre besaß, und wie sich dieser um 1968 zuspitzte. Nicht alle geschichtsmächtigen Entwicklungen dieser Zeit liefen in die Richtung des Aufbrechens überkommener Strukturen. Zum Teil erwiesen sich die Rahmenbedingungen als stärker – ob es sich um den Raum postkolonialer Nationalstaaten handelte, um tradierte regionale Konfliktmuster oder um die Unterdrückungsmacht von Diktaturen (in Osteuropa nicht anders als in Südamerika). Und nicht alle Prozesse, die sich als folgenreich herausstellen sollten, waren symbolpolitisch aufsehenerregend und voller Eklat. Manche, wie die transnationalen Bevölkerungsprogramme, gingen vielmehr die meiste Zeit im Windschatten anderer Weltereignisse vor sich.

Das jugendliche Protestgeschehen wird aus dieser Sicht zweifellos relativiert. Als die eine Chiffre des Umbruchs um 1968 scheint es nicht länger zu taugen. Daran, dass es einen wichtigen Strang im weltweiten Ereignisgeflecht darstellte, ändert allerdings auch der panoramatische Blick nichts. Gerade aus der Gesamtschau lässt sich sogar noch schärfer fassen, worin die Bedeutung des zivilgesellschaftlichen Aufruhrs lag. Die Gleichzeitigkeit so vieler revoltierender Bewegungen in allen Erdteilen, ihr kommunizierender Charakter, die Verwandtschaft in den Ausdrucksformen des Protests – all dies fügte sich zu einem globalen Moment des Rebellischen, wie es ihn in der Geschichte nur selten gegeben hat. Hier ballten und verdichteten sich in einem kurzen Zeitraum eine drängende Unzufriedenheit mit den bestehenden gesellschaftspolitischen Verhältnissen und der überbordende Wunsch, die regierenden Eliten endlich auf die Einlösung der Ideale zu verpflichten, die sie nicht zuletzt selbst immer wieder beschworen hatten. Daraus floss ein gemeinsamer Grundstrom politischer Energien, so unterschiedlich sich die konkreten Forderungen auch ausnahmen – ob es um ein individuelles Leben frei von autoritären Zwängen ging oder um nationale Befreiung, um die Gleichberechtigung der Rassen oder die Gleichberechtigung der Frauen, um die ‚richtige' Demokratie, den ‚richtigen' Sozialismus oder die ‚richtige' Religion. Dies zeichnete ‚1968' nicht nur in der zeitgenössischen Beobachtung aus, sondern verleiht ihm auch in der historischen Rückschau eine besondere Signatur. Gerade wenn man sich auf die Vielgestaltigkeit dieses Moments einlässt, auf seine Widersprüchlichkeit, auf den schmalen Grat zwischen Erfolg und Scheitern und seine längerfristigen Vermächtnisse, wirft er historische Fragen auf, über die es sich lohnt nachzudenken, und von denen manche noch durchaus offen erscheinen.

Ausgewählte Literatur

Ebbinghaus, Angelika / Unfried, Berthold (Hgg.), *1968. Ein Blick auf die Protestbewegung 40 Jahre danach aus globaler Perspektive*, Leipzig 2009.

Frei, Norbert, *1968. Jugendrevolte und globaler Protest*, München 2008.

Gassert, Philipp (Hg.), *1968. Memories and Legacies of a Global Revolt*, Washington 2009.

Gilcher-Holtey, Ingrid (Hg.), *1968 – vom Ereignis zum Gegenstand der Geschichtswissenschaft*, Göttingen 1998.

–, *Die 68er-Bewegung. Deutschland, Westeuropa, USA*, München ^{4}2008.

Herbert, Ulrich, *Geschichte Deutschlands im 20. Jahrhundert*, München 2014.

Hockerts, Hans Günther, „‚1968' als weltweite Bewegung", in: Venanz Schubert (Hg.), *1968. 30 Jahre danach*, St. Otilien 1999, 13–34.

Hodenberg, Christina von, *Das andere Achtundsechzig. Gesellschaftsgeschichte einer Revolte*, München 2018.

– / Siegfried, Detlef (Hgg.), *Wo „1968" liegt. Reform und Revolte in der Geschichte der Bundesrepublik*, Göttingen 2006.

Jian, Chen / Klimke, Martin / Kirasirova, Masha / Nolan, Mary / Young, Marilyn / Waley-Cohen, Joanna (Hgg.), *The Routledge Handbook of the Global Sixties. Between Protest and Nation-Building*, London 2018.

Kastner, Jens (Hg.), *Weltwende 1968? Ein Jahr aus globalgeschichtlicher Perspektive*, Wien 2008.

Kraushaar, Wolfgang, *1968 als Mythos, Chiffre und Zäsur*, Hamburg 2000.

Kurlansky, Mark, *1968. The Year that Rocked the World*, New York 2005.

Malinowski, Stephan / Sedlmaier, Alexander, „‚1968' als Katalysator der Konsumgesellschaft", *Geschichte und Gesellschaft* 32 (2006), 238–267.

Reichardt, Sven, *Authentizität und Gemeinschaft. Linksalternatives Leben in den siebziger und frühen achtziger Jahren*, Berlin 2014.

Schildt, Axel, „Vor der Revolte. Die sechziger Jahre“, *Aus Politik und Zeitgeschichte* 22–23 (2001), 7–13.

Schulz, Kristina, *Der lange Atem der Provokation. Die Frauenbewegung in der Bundesrepublik und in Frankreich 1968–1976*, Frankfurt am Main 2002.

Siegfried, Detlef, *1968. Protest, Revolte, Gegenkultur*, Ditzingen 2018.

Terhoeven, Petra, *Die Rote Armee Fraktion. Eine Geschichte terroristischer Gewalt*, München 2017.

„Something has gone terribly wrong in America“

1968 in den Vereinigten Staaten

GEORG SCHILD

Im April 1968 kam es in fast einhundert amerikanischen Städten zu gewalttätigen Auseinandersetzungen zwischen überwiegend schwarzen Demonstranten und der Polizei, bei denen Dutzende Personen starben, Hunderte verletzt wurden und ganze Straßenzüge in Flammen aufgingen. Der unmittelbare Anlass für diese Unruhen war die Ermordung des schwarzen Bürgerrechtsführers Martin Luther King, Jr. Das Ausmaß der Gewaltausbrüche auf den Straßen deutete auf ein tiefsitzendes Gefühl von sozialer Ausgrenzung und Hoffnungslosigkeit in der schwarzen Bevölkerung hin. Aber nicht nur innenpolitisch war 1968 ein Jahr enttäuschter Hoffnungen in den USA. In Vietnam war es zu Jahresbeginn zu einer koordinierten nordvietnamesischen Offensive gegen amerikanische Einrichtungen im Süden des Landes gekommen, die zwar zurückgeschlagen werden konnte, aber gleichwohl die Erwartung eines baldigen militärischen Erfolges und eines Friedensschlusses in weite Ferne rückte. Die amerikanische Öffentlichkeit schenkte Verlautbarungen von Politikern und Militärs über Sinn und Erfolgsaussichten des Krieges in Indochina in der Folge immer weniger Vertrauen.

Die gewalttätigen Rassenunruhen und ein wachsender Widerstand gegen den Krieg in Asien waren die prägenden Ereignisse des Jahres 1968 in den Vereinigten Staaten. Die Aufbruchstimmung der frühen sechziger Jahre, die unter den Präsidenten John F. Kennedy und Lyndon B. Johnson eingesetzt hatte, hatte sich als trügerisch erwiesen und zu Konflikten geführt. Der Präsidentschaftskandidat der Republikanischen Partei 1968, Richard Nixon, warf den Demokraten vor, mit ihrer Politik Fehler begangen und das Land in die falsche Richtung geführt zu haben, „something has gone terribly wrong in America."[1] Nixons Präsidentschaft leitete ab 1969 eine konservative Gegenbewegung ein, die die bisherige liberale Phase der US-Geschichte ablöste und nach Meinung vieler Beobachter bis heute anhält.

Der liberale Aufbruch der sechziger Jahre

Es gibt in der amerikanischen Geschichtswissenschaft seit langem die Vorstellung von regelmäßig wiederkehrenden politischen Pendelbewegungen zwischen linken und liberalen Zielen auf der einen und konservativ-reaktionären Überzeugungen auf der anderen Seite. Der Wahlsieg des Republikaners William McKinley gegen den Demokraten William Jennings Bryan 1896 gilt als Beginn einer gut dreißigjährigen konservativen Phase in der US-Politik. Die Wahl von 1932, die der Demokrat Franklin D. Roosevelt gegen den republikanischen Amtsinhaber Herbert

---

[1] Richard Nixon, „Remarks on the Mutual Broadcasting System, ‚Order and Justice Under Law', 29. September 1968, The American Presidency Project", presidency.proxied.lsit.ucsb.edu/ws/index.php?pid=123916

Hoover für sich entschied, markierte den Beginn einer ebenfalls gut 30 Jahre währenden liberalen Phase. Diese liberale Wende begann als Reaktion auf die Weltwirtschaftskrise. Mit den New Deal-Maßnahmen stärkte die Roosevelt-Administration die Rolle des Staates in der Wirtschafts- und Sozialpolitik. Nach dem Zweiten Weltkrieg setzte sich der Reformimpuls fort. Die beiden großen Parteien traten für eine Aufrechterhaltung regulierender staatlicher Maßnahmen ein, um die Gesellschaft nach ihren Vorstellungen zu formen. Die Demokraten taten dies mit dem Ziel, den Wohlfahrtsstaat weiter auszubauen; die Republikaner wollten den Staat für die Auseinandersetzung mit der Sowjetunion militärisch stärken.

Die Erfahrung des Weltkriegs trug auch noch auf anderen Feldern zu einer liberalen Entwicklung der Gesellschaft bei. Der Krieg hatte einige fest eingefahrene gesellschaftliche Strukturen in Amerika in Frage gestellt. Der Kampf gegen den Rassenwahn der Nationalsozialisten in Deutschland und das rassische Hierarchiedenken in Japan gab der Bürgerrechtsbewegung in den USA Auftrieb. Man konnte nicht im Ausland gegen den Rassismus kämpfen und ihn in den eigenen Südstaaten am Leben erhalten. Daneben änderte der „G.I. Bill of Rights“, der nach Kriegsende mehreren Millionen Veteranen ein Studium bzw. eine Ausbildung ermöglichte, die gesellschaftliche Struktur des Landes. Studenten wurden in der Folge zu einer zahlenmäßig wachsenden und politisch aktiven Gruppierung, die neue gesellschaftliche Vorstellungen entwickelte.

Zum Hoffnungsträger der jungen liberalen Generation der fünfziger und frühen sechziger Jahre wurde John F. Kennedy. Er hatte im Zweiten Weltkrieg im Pazifik gedient und begann nach Kriegsende eine steile politische Karriere, die ihn 1947 ins Abgeordnetenhaus und 1953 in den US-Senat brachte. Im November 1960 wurde er zum Präsidenten gewählt. Der Amtswechsel von Dwight D. Eisenhower, dem bis dahin ältesten Präsidenten der US-Geschichte, zu Kennedy, dem jüngsten gewählten Amtsinhaber, wurde von den Zeitgenossen als Generationswechsel wahrgenommen. Kennedy stellte sich ganz bewusst als tatkräftiger Politiker mit umfassender Reformagenda dar. In seinen Augen hatten die USA in den Weltkriegsjahren bewiesen, dass sie zu enormen Anstrengungen fähig waren und eine Kraft des Guten sein konnten. Der Präsident versprach seinen Landsleuten einen Aufbruch zu neuen Ufern („new frontier"), regte Entwicklungsprojekte wie das Peace Corps an, kritisierte das Wettrüsten der Supermächte und zeigte Sympathien für die Anliegen der Bürgerrechtsbewegung.

Im Juni 1963 hielt Kennedy zwei große programmatische Reden, in denen er seine außen- und innenpolitischen Vorstellungen erläuterte. Am 10. Juni warb er an der American University in Washington für ein Ende des atomaren Wettrüstens zwischen den Großmächten und kündigte einen Vertrag zur Beendigung nuklearer Tests in der Atmosphäre an. Im Atomzeitalter machten Kriege keinen Sinn mehr, so Kennedy, weil die Radioaktivität der Bomben durch Wind und Wasser an jeden Ort der Welt gelangen würde und damit nicht nur die bereits Lebenden, sondern auch die noch nicht Geborenen bedrohe. „Wahrer Friede" und „wirkliche Freiheit" seien mehr als die Abwesenheit von Krieg: „In zu vielen unserer Städte ist der Frieden nicht sicher, weil die Freiheit noch nicht verwirklicht ist." Die Regierung stehe in der Verantwortung, die

Freiheit der Bürger mit allen zu Gebote stehenden Mitteln zu schützen.[2]

Am 11. Juni kündigte Kennedy in einer landesweit vom Fernsehen übertragenen Rede aus dem Weißen Haus den Entwurf eines Bürgerrechtsgesetzes an. Der Präsident reagierte damit auf Versuche südstaatlicher Politiker, junge Schwarze von Universitäten fernzuhalten. Einhundert Jahre nach Ende des Bürgerkrieges schien die Regierung in Washington endlich Ernst zu machen mit dem Ziel, jede Art der Diskriminierung von Schwarzen zu beseitigen. Es mag diese Hoffnung gewesen sein, dass ein Präsident den Belangen der Schwarzen gegenüber aufgeschlossen war, die Martin Luther King einige Wochen später in seiner „I Have a Dream"-Rede zuversichtlich stimmte, dass Amerika seine Vorurteile Schwarzen gegenüber endlich überwinden würde.[3]

Kennedys von Aufbruchstimmung und liberalem Pathos getragene Amtszeit endete abrupt mit seiner Ermordung im November 1963. Das bedeutete jedoch noch nicht das Ende des liberalen Aufbruchs, weil sich der neue Präsident Lyndon B. Johnson bewusst in die Tradition seines Vorgängers stellte und die junge Generation Amerikas den Gedanken an eine bessere Welt noch nicht aufgegeben hatte. In seinem Beraterkreis erklärte Johnson sogar, dass er in vielen gesellschaftlichen Bereichen reformerisch weiter gehen wolle als Kennedy. Dass gerade Johnson liberale Bürgerrechtsgesetze durchzusetzen versuchte, überraschte

---

[2] John F. Kennedy, „Ansprache vom 10. Juni 1963", *Public Papers of the Presidents of the United States, John F. Kennedy*, Washington, DC 1964, Bd. 3, 1963, 459–65.

[3] John F. Kennedy, „Ansprache vom 11. Juni 1963", *Public Papers,* Bd. 3, 1963, 468–71.

viele zeitgenössische Beobachter. Johnson stammte aus dem Südstaat Texas und galt in den fünfziger Jahren als konservativer Politiker. Aber er hatte auch eine liberale Vergangenheit. In den dreißiger Jahren war er glühender Anhänger Franklin D. Roosevelts und der New Deal-Reformen gewesen. Fünf Tage nach Kennedys Ermordung erklärte Johnson vor dem Kongress, dass das Land schon viel zu lange nur über Bürgerrechte geredet habe. Es sei nun an der Zeit, das nächste Kapitel aufzuschlagen und sie gesetzlich durchzusetzen.

Wie stark das liberale Gedankengut Mitte der sechziger Jahre in Amerika verwurzelt war, wurde bei den Präsidentschaftswahlen im November 1964 deutlich. Johnson errang mit über 60 Prozent der abgegebenen Stimmen einen eindrucksvollen Sieg über den konservativen republikanischen Gegenkandidaten Senator Barry Goldwater. Johnson präsentierte in der Folge mit der „Great Society" das nach dem New Deal zweite große gesellschaftliche Reformprogramm in der amerikanischen Geschichte des 20. Jahrhunderts. Der von Kennedy angeregte und von Johnson unterzeichnete „Civil Rights Act" verbot jede Art der Diskriminierung auf der Basis von Religion, nationaler Herkunft, Rasse oder Geschlecht. Was im Bereich der Bürgerrechte noch fehlte, war ein Wahlrechtsgesetz, das alle lokalen Bestimmungen ungültig machen würde, die die Ausübung des Wahlrechts von Schwarzen einschränkten. Am 6. August 1965 verabschiedete der Kongress den „Voting Rights Act", der Lese- und Rechtschreibtests als Voraussetzung zur Ausübung des Wahlrechts verbot. In Wahlbezirken, in denen weniger als 50 Prozent der Bürger für Wahlen registriert waren, übernahm die Bundesregierung die Registrierungstätigkeit. Das Gesetz ermöglichte vielen Hundertausend Schwarzen in den Südstaaten zum ersten Mal an einer Wahl teilzunehmen. Während 1960 erst 20 Prozent der Schwarzen als Wähler registriert waren, waren es 10 Jahre später über 60 Prozent.

Johnsons Ankündigung der „Great Society" am 22. Mai 1964 in einer Rede vor 80.000 Menschen im Stadion der University of Michigan wurde von jungen Menschen mit Begeisterung aufgenommen. „Great Society" umschrieb eine Gesellschaft mit materiellem Überfluss für alle, mit Zugang zu Kultur und Freiheit für jeden ohne Diskriminierung. Bilder, die denen des europäischen studentischen Aufbruchs des Jahres 1968 ähneln, prägten amerikanische Colleges schon in den Jahren von 1964 bis 1967. Universitäten wurden zu politischen, sozialen und gesellschaftlichen Reformfeldern. Dort diskutierten Studenten über Politik, beklagten eine mangelnde gesellschaftliche Integration der Schwarzen und stellten der Außenpolitik des Landes ein schlechtes Zeugnis aus. An der University of California in Berkeley kam es im September 1964 zu einer Konfrontation, als Polizisten einen Studenten verhaften wollten, der auf dem Campus politische Flugblätter verteilte. Die Studierenden umstellten das Polizeifahrzeug, hielten Reden und begründeten so das Berkeley Free Speech Movement. Ab Dezember 1964 tat sich Mario Savio bei den Protesten gegen die Studienbedingungen in Berkeley hervor. Er hatte im Sommer zuvor an den „Freedom Rides" nach Mississippi teilgenommen, wo Studenten halfen, Schwarze als Wähler zu registrieren. Für Savio und seine Mitstreiter ging es in den Südstaaten und an den Universitäten des Nordens um das gleiche Ziel der Teilhabe der Bürger an politischen Entscheidungen in einer demokratischen Gesellschaft. An der University of Michigan kam es im März 1965 zu ersten „Teach-Ins“, nächtlichen Lehrveranstaltungen, auf denen Professoren und Studenten über den Krieg in Vietnam diskutierten. Die Studenten kamen zu der Auffassung, dass es in Vietnam nicht, wie die Regierung erklärte, um den Konflikt zwischen Demokratie und Kommunismus ging, sondern dass die Vereinigten Staaten an Stelle Frankreichs die koloniale Kontrolle über das Land anstrebten. An der New Yorker Columbia University richtete sich der studentische Protest gegen die Zusammenarbeit der Universität mit dem Verteidigungsministerium und den Geheimdiensten. Gegen einen Erweiterungsbau der Universität protestierten die Studenten, weil dafür ein Häuserblock abgerissen werden musste, in dem arme Schwarze lebten. Ende April 1968 besetzten knapp 1 000 Aktivisten fünf Gebäude der Columbia University, einschließlich des Büros des Präsidenten, und nahmen den Dekan als Geisel. Die Aktion endete mit einer der größten Massenverhaftungen in der Geschichte der Stadt New York. Insgesamt waren 1 000 Polizisten an der Räumung der Gebäude beteiligt; 132 Studenten, vier Dozenten und zwölf Polizisten wurden verletzt. 720 Personen wurden wegen Hausfriedensbruchs angeklagt.

Auch jenseits der Universitäten kam es in den sechziger Jahren zu neuen gesellschaftlichen Experimenten. Der Antikriegsaktivist Jerry Rubin erklärte in einem Interview mit der *Village Voice*, dass ihn das Sicherheitsstreben der Mittelschicht nicht interessiere und dass er stattdessen eine revolutionäre Bewegung anstrebe, die die Möglichkeiten Amerikas, Kriege zu führen, nachhaltig einschränken werde. Im Januar 1967 versammelten sich viele Tausend junge Menschen – Hippies genannt – im Golden Gate Park in San Francisco, die sich gegen das kurz zuvor erlassene Verbot des Konsums von LSD richteten und mit ihrem Protest enormen Einfluss auf die weitere Entwicklung hatten. Timothy Leary, ein ehemaliger Psychologieprofessor der Harvard University und glühender Verfechter des LSD-Konsums, predigte die bewusste und radikale Abkehr der jungen Menschen von der traditionellen Gesellschaft und ihren Werten und Traditionen und forderte sie auf, sich gesellschaftlichen Konventionen zu verweigern: „turn on, tune in, drop out".[4]

Keine Gruppe in Amerika reagierte mit größerer Begeisterung auf die Aufbruchstimmung der frühen sechziger Jahre als die jungen und gut Ausgebildeten. Was diesen Konflikt von traditionellen generationellen Gegensätzen unterschied, war, dass die ältere Generation besonders stolz auf das Erreichte war – das Bruttoinlandsprodukt der USA hatte sich seit Ende des Zweiten Weltkrieges bis 1960 fast verdoppelt; der Dow Jones Aktienindex hatte sich seit seinem Tiefststand 1932 verzehnfacht. Gleichzeitig war die junge Generation besonders unzufrieden mit dem, was sie vorfand. Ein kleines unauffälliges Häuschen in der Vorstadt, soziale Sicherheit und ein Auto waren besondere Errungenschaften für eine Familie, die die Weltwirtschaftskrise und den Weltkrieg miterlebt hatte. Für die Jüngeren war es Ausdruck eines gesichtslosen Konformismus und der Unterordnung unter ökonomische Vorgaben. Besonders unter Studenten herrschte der Eindruck, dass sich die amerikanische Gesellschaft in die falsche Richtung entwickele. Unpersönliche Institutionen hätten den

---

[4] Robert C. Cottrell, *Sex, Drugs, and Rock 'n' Roll: The Rise of America's 1960s Counterculture*, Lanham 2015, 260.

Kontakt mit den Menschen verloren, so der Publizist Paul Berman.[5]

Die jungen Erwachsenen sahen nicht nur eine selbstzufriedene ältere Generation, der materielle Dinge über alles gingen, sondern eine Elterngeneration, die vor dem Krieg in Vietnam und dem ungelösten Rassenproblem in Amerika die Augen verschloss. Jim Morrison, der Sänger der *Doors*, protestierte in seinen Texten gegen den Krieg in Vietnam, der maßgeblich von seinem Vater, Admiral George Steve Morrison, geführt wurde. Eine von Präsident Nixon 1970 ins Leben gerufene Kommission zur Untersuchung der Unruhen an Universitäten kam zu dem Schluss, dass die Studenten den Indochinakonflikt als Angriff eines technologischen Riesen auf die Bauern einer kleinen, harmlosen und rückständigen Nation ansahen. Der Krieg werde von ihnen als Verschwendung von Ressourcen angesehen, die dringend benötigt würden, um soziale und rassische Gerechtigkeit zu schaffen.[6] In der Erinnerung von Mark Rudd, einem der protestierenden Studenten der Columbia University, vom Frühjahr 2018 kommt zum Ausdruck, wie unweigerlich der Rassismus im Süden der USA mit dem Naziregime parallelisiert wurde: „Wir sind in der Folge des Zweiten Weltkriegs aufgewachsen und haben die Entwicklung der Bürgerrechtsbewegung im Süden miterlebt. Die Unterstützung der [Columbia] Universität für den Krieg [in Vietnam] und der institutionelle Rassismus haben uns ins Mark getroffen. Wir haben uns immer gefragt, ob wir unter den

---

[5] Paul Berman, „Vorwort zu Paul Cronin", Hg., *A Time to Stir: Columbia '68*, New York 2018, xxiv.

[6] *Report of the President's Commission on Campus Unrest*, Washington 1970, 4.

Nazis ‚gute Deutsche' gewesen wären, oder ob wir den Mut der Bürgerrechtler aufgebracht hätten, von denen viele schwarze Studenten in unserem Alter waren."[7]

Vietnamkrieg und Bürgerrechtsbewegung 1968

Die Entfremdung der Studenten der sechziger Jahre vom Staat und der kapitalistischen Wirtschaftsform wäre ohne den Vietnamkrieg vermutlich nicht erfolgt. Der Staat verlangte von seinen jungen Männern Opferbereitschaft bis hin zum Tod im Dschungel Südostasiens. Darüber hinaus stellte der Vietnamkrieg eine Grundannahme der amerikanischen liberalen Überzeugung in Frage, nach der der Staat eine Kraft des Positiven sei. War der Krieg in Indochina jedoch wirklich gerechtfertigt? Nach seinem überwältigenden Wahlsieg über Goldwater im November 1964 hätte Johnson in seiner Vietnampolitik große Handlungsspielräume gehabt. Bis zu diesem Zeitpunkt hatten die USA nur Militärberater nach Indochina entsandt. Dass der Präsident den Konflikt weiter anheizte und mit „Operation Rolling Thunder" im Frühjahr 1965 erstmals Nordvietnam angriff, ist nur schwer zu erklären. Vermutlich ging Johnson davon aus, dass ein konzentrierter amerikanischer Schlag den Widerstandswillen der Nordvietnamesen schnell brechen werde; die USA würden sich nach dem Sieg in Asien wieder innenpolitischen Reformen widmen könnten. Als sich der Krieg jedoch in die Länge zog, sah sich der Präsident gezwungen, immer mehr Soldaten zu entsenden, um Vietnam nicht geschlagen

[7] Mark Rudd, „The Missing History of the Columbia '68 Protests", *New York Times*, 23. April 2018.

verlassen zu müssen. Ende 1965 waren 185 000 US-Soldaten in Vietnam stationiert, Ende 1966 waren es bereits 385 000, Ende 1967 sogar 485 000. Mitte des Jahres 1969 waren weit über eine halbe Millionen US-Soldaten in Südostasien im Einsatz.

Was Johnson nicht vorhergesehen hatte, war, dass auch dieses Truppenkontingent den Krieg nicht gewinnen konnte und dass die öffentliche Diskussion in Amerika in den Jahren 1966 bis 1968 immer mehr vom Indochinakonflikt dominiert werden würde. Der Kongress habe sein Interesse an den „Great Society"-Reformen verloren, so Senator William Fulbright im Mai 1967 in einer Rede vor der University of Kansas. Stattdessen müsse man politisch und strategisch von einem „Kriegskongress" sprechen. Im Herbst 1967 veröffentlichte eine Gruppe Intellektueller um Allen Ginsberg, Paul Goodman, Herbert Marcuse und Benjamin Spock eine Erklärung, nach der der Vietnamkrieg „verfassungswidrig und illegal" sei und man sich ihm zu widersetzen habe: „Wir rufen alle Menschen guten Willens dazu auf, sich dem Kampf gegen unmoralische Autorität anzuschließen. [...] Jetzt ist es Zeit, Widerstand zu leisten." Bereits am 2. November 1965 hatte sich der 32jährige Quäker Norman Morrison aus Protest gegen den Vietnamkrieg vor dem US-Verteidigungsministerium mit Benzin übergossen und angezündet. Im Mai 1968 brachen neun katholische Friedensaktivisten in das Rekrutierungsbüro der Armee in der Stadt Catonsville, Maryland, ein und verbrannten 378 Einberufungsakten. Die Neun wurden verhaftet, angeklagt und zu langen Haftstrafen verurteilt.[8]

---

[8] G. Calvin Mackenzie/Robert Weisbrot, *The Liberal Hour: Wash-*

Der Vietnamkrieg, der auch in Europa die Medienberichterstattung beherrschte und zu studentischen Protesten in den Metropolen, aber auch in zahlreichen kleineren Städten führte, war das Werk Johnsons nach 1965. Die US-Regierung griff bei der Kriegsführung immer stärker auf Wehrdienstleistende zurück, von denen sich viele gegen ihre Einberufung und die Kriegsteilnahme wehrten. Die liberale Bewegung, die unter Kennedy noch im Einklang mit den außenpolitischen Zielen der Regierung gestanden hatte, begann nun den Präsidenten für seine Außenpolitik zu kritisieren. Bei Demonstrationen vor dem Weißen Haus hörte man immer häufiger den Ruf: „Hey, Hey, LBJ, how many kids did you kill today?" Viele junge Männer verbrannten öffentlich ihre „draft cards" (Einberufungsbescheide), was einen Straftatbestand darstellte, oder flohen nach Kanada. Insgesamt versuchten eine halbe Million junge Männer der Einberufung zu entgehen, darunter die späteren Präsidenten Bill Clinton, George W. Bush und Donald Trump. Wem dies nicht auf legalem Wege gelang, musste sich im Anschluss vor Gericht verantworten, was in etwa 20 000 Fällen geschah. 9 000 Kriegsdienstverweigerer wurden verurteilt, etwa 4 000 verbrachten bis zu fünf Jahre im Gefängnis.

Andere junge Menschen radikalisierten sich im Kampf gegen den Krieg auf den Straßen und überschritten bewusst die geltende Rechtsordnung. Immer häufiger sah man bei Demonstrationen Fahnen des Vietcong und Bildnisse von Ho Chi Minh. Der Friedensaktivist Todd Gitlin

---

ington and the Politics of Change in the 1960s, New York 2008, 332 (= Mackenzie / Weisbrot, Liberal Hour); „War Critic Burns Himself to Death Outside Pentagon", *New York Times*, 3. November 1965; „Their Protest Helped End the Draft", *New York Times*, 19. Mai 2018.

begründete dies damit, dass die amerikanische Fahne in Napalm getränkt sei; die Fahne Nordvietnams sei hingegen rein. Die Teilung der Welt in Gut und Böse, an die man sich im Kalten Krieg gewöhnt habe, sei noch immer zutreffend. Allerdings nehme Amerika nun die Rolle des Bösen ein.[9]

Dass der Krieg in Vietnam für die USA sogar in einer Niederlage enden könnte, wurde klar als die nordvietnamesische Armee und der Vietcong am 31. Januar 1968 massive koordinierte Angriffe auf 36 Städte in Süd-Vietnam und auf US-Einrichtungen wie die amerikanische Botschaft in Saigon unternahmen. Diese sogenannte Tet-Offensive verlief militärisch für den Vietcong katastrophal, weil die Verluste hoch waren und es nicht zum erhofften Zusammenbruch des südvietnamesischen Regimes oder zu einem Aufstand gegen die amerikanischen ‚Besatzer' kam. Aber psychologisch hatte der Norden einen Sieg davongetragen. Alle bisherigen regierungsamtlichen Verlautbarungen, dass der Krieg gut verlaufe, dass es – in den Worten des amerikanischen Oberbefehlshabers General William Westmoreland vom November 1967 – „Licht am Ende des Tunnels" gebe, waren auf einen Schlag unglaubwürdig geworden. Der amerikanische Fernsehjournalist Walter Cronkite reiste kurz nach der Tet-Offensive nach Vietnam und erklärte dem amerikanischen Fernsehpublikum nach seinem Besuch resigniert: „Es scheint sicherer als je zuvor, dass die blutige Erfahrung Vietnams in einer Pattsituation enden wird." In einer Gallup-Umfrage vom Februar 1968 äußerten 50 Prozent der Befragten Kritik

---

[9] David Farber, *The Age of Great Dreams, America in the 1960s*, New York 1994, 190 (= Farber, Age of Great Dreams).

an der Kriegführung Johnsons. Nur 35 Prozent waren mit dem Verlauf des Krieges zufrieden. In den vier Wochen nach der Tet-Offensive wurden in Vietnam über 1 800 US-Soldaten getötet. Insgesamt fielen im Jahr 1968 über 16 000 Amerikaner, fast 90 000 wurden verwundet. Im März berichteten amerikanische Zeitungen, dass Westmoreland die Entsendung weiterer 200 000 amerikanischer Soldaten verlangt und den Einsatz einer Atombombe zu Demonstrationszwecken empfohlen habe.[10]

Die Attentate auf Martin Luther King und Robert Kennedy

Zwei Attentate wurden für den weiteren Verlauf des Jahres 1968 bedeutsam. Anfang April erschoss James Earl Ray Martin Luther King; Anfang Juni ermordete der Palästinenser Sirhan Sirhan Robert F. Kennedy.

Martin Luther King war seit Mitte der fünfziger Jahre der führende Vertreter eines christlich-gewaltlosen Widerstands gegen Rassendiskriminierung gewesen. Das Attentat auf ihn fand in Memphis im Bundesstaat Tennessee statt. King war in der Stadt, um den Streik von schwarzen städtischen Bediensteten zu organisieren. Dass King dort noch immer gebraucht wurde, um gegen die Benachteiligung Schwarzer vorzugehen, ist ein deutlicher Hinweis darauf, dass sein Traum, den er fünf Jahre zuvor in Washington formuliert hatte, noch nicht in Erfüllung

---

[10] Tim Weiner, *One Man Against the World: The Tragedy of Richard Nixon*, New York 2015, 17 (= Weiner, One Man Against the World); Terry H. Anderson, *The Movement and the Sixties: Protest in America From Greensboro to Wounded Knee*, New York 1995, 186, (= Anderson, Movement and the Sixties); „Tet Offensive: Turning Point in Vietnam War", *New York Times*, 31. Januar 1988.

gegangen war. Die Diskriminierung Schwarzer war trotz kleinerer Fortschritte nicht beseitigt worden. Kings Sprache radikalisierte sich im Verlauf der sechziger Jahre aus einer persönlich empfundenen Frustration heraus. Genau ein Jahr vor seinem Tod, am 4. April 1967, sprach er sich in einer Rede in der Riverside Church in New York mit deutlichen Worten gegen den Vietnamkrieg aus. Er nannte die US-Regierung den größten Förderer von Gewalt in der Welt und erinnerte an John F. Kennedys Worte, „those who make peaceful revolution impossible will make violent revolution inevitable." King beklagte, dass die USA die gewaltsame Revolution förderten, weil Amerikaner ihre Privilegien und Vergünstigungen beibehalten wollten, die sie aus Investitionen in Übersee erzielten.[11] Hoffte er 1963 noch auf ein Zusammenleben von Weiß und Schwarz, so sprach er am 3. April 1968, dem Tag vor seiner Ermordung, davon, dass das Land „krank" sei. Er sah Unruhen voraus: „The nation is sick, trouble is in the land." Die *Los Angeles Times* nahm nach Kings Ermordung diese Worte auf und schrieb „we are a sick society that has fallen far short of what we claim to be." Das *Louisville Courier-Journal* beklagte ebenfalls die Gewaltanwendung im Land: „We are becoming a violent nation of violent people."[12]

Präsident Johnson mag ein offenes Ohr für die Anliegen der Schwarzen gehabt haben, die weiße Bevölkerung im Süden lehnte eine rassische Integration in den sechziger Jahren jedoch mehrheitlich entschieden ab. In den Jahren

---

[11] Martin Luther King, „Ansprache in New York am 4. April 1967", kinginstitute.stanford.edu/king-papers/documents/beyond-vietnam

[12] Zit. nach Matthew Dallek, „Was 1968 America's Bloodiest Year in Politics?", *History*, 6. April 2018, www.history.com/news/1968-political-violence.

Die Ermordung Martin Luther Kings führte zu gewaltsamen Auseinandersetzungen in allen größeren Städten der USA. Bundes- und Landesbehörden versuchten, die Unruhen mit militärischen Mitteln zu beenden. Das Bild vom 8. April 1968 zeigt Soldaten in Washington, D. C. vor dem Hintergrund zerstörter Gebäude.

der Bürgerrechtsbewegung bildete sich auch eine deutlich vernehmbare weiße Gegenposition heraus. Der Historiker David Farber resümiert, dass viele Weiße Schwarze für die Unruhen in den Städten und die hohe Kriminalitätsrate im Land verantwortlich machten. Immer mehr Weiße beklagten, dass die Schwarzen zu schnell zu viel verlangten und dass die Regierung ihren Forderungen zu bereitwillig nachgab. Kings Mörder, ein bedeutungsloser Kleinkrimineller, glaubte, durch die Erschießung des Bürgerrechtsführers zu einem Helden der vermeintlich unterdrückten weißen Rasse zu werden.[13]

Die Ermordung Kings führte zu bürgerkriegsähnlichen Zuständen. Es war nicht das erste Mal in der jüngeren

---

[13] Farber, *Age of Great Dreams*, 227.

amerikanischen Geschichte, dass die Ghettos brannten. Innerstädtische Unruhen hatten im Sommer 1964 in Harlem begonnen. Ein Jahr später war Los Angeles das Zentrum der Unruhen. 1967 starben bei Unruhen in Detroit 43 Personen, 2 000 Gebäude gingen in Flammen auf und 7 500 Menschen wurden verhaftet. Nach der Ermordung Kings im Frühjahr 1968 waren die Feuer brennender Häuser und Autos vom Weißen Haus aus zu sehen. Es wurde immer deutlicher, dass die Schwarzen nicht länger an Kings Traum glaubten, dass Amerika die Benachteiligung der Rassen freiwillig aufgeben werde. Der Bürgerrechtsführer und zeitweilige Gegenspieler Kings, Malcolm X, hatte den rebellierenden schwarzen Jugendlichen eine andere Vision jenseits des Weges der Integration geboten. Wenn die Weißen den Schwarzen die Integration dauerhaft und systematisch verweigerten, so seine Botschaft, dann müsse man sich seine Rechte anders verschaffen – notfalls auch gewaltsam. Malcolm X fiel im Februar 1965 einem Mordanschlag zum Opfer. Andere traten an seine Stelle. Im Juni 1966 erklärte der 25jährige Stokley Carmichael, nachdem er aus einem Gefängnis in Mississippi entlassen worden war, dass dies seine 27. Inhaftierung gewesen sei. Er werde nicht mehr ins Gefängnis gehen. Die bisherige Bürgerrechtsbewegung habe nichts gebracht. Von nun an heiße die Devise „Black Power". Bei den Olympischen Spielen im Herbst in Mexiko City reckten die 200-Meter-Läufer und Anhänger der „Black Power"-Bewegung Tommie Smith und John Carlos bei der Siegerehrung ihre Fäuste als Zeichen des Protests gegen die Unterdrückung der Schwarzen in die Luft.[14]

---

[14] Mackenzie / Weisbrot, *Liberal Hour*, 336.

Letztlich kam jeder, der 1968 über die Ursachen der innerstädtischen Unruhen nachdachte, zu eigenen Schlussfolgerungen. Liberalen gingen die bisherigen Reformen noch nicht weit genug; Konservative glaubten, dass die Regierung schon zu viel getan habe. Die weiße Mittelschicht der Vororte verbarrikadierte sich während der Unruhen im Frühjahr 1968 in ihren Häusern und wartete auf einen Politiker, der ihnen endlich wieder Ruhe und Ordnung versprach.

Dass 1968 ein schwieriges Jahr werden würde, war Johnson von Anfang an bewusst gewesen. Seine Ansprache zur Lage der Nation vom 17. Januar spiegelte nicht mehr die Aufbruchstimmung früherer Regierungsjahre wider. Stattdessen betonte er, dass Amerika vor vielfältigen innen- und außenpolitischen Herausforderungen stehe. Er wies auf die Gewalt und die sozialen Missstände in den großen Städten hin. Er konnte keinen Weg aus der Misere aufzeigen und musste zugeben, dass die wirtschaftliche Belastung durch den Vietnamkrieg keine weiteren sozialpolitischen Reformen erlauben würde. Konnte Johnson in dieser Situation mit einer Wiederwahl im November rechnen? Das Ergebnis der Zwischenwahlen 1966 war ernüchternd gewesen. Die Demokraten hatten drei Senatssitze, 47 Abgeordnetenhausmandate und acht Gouverneursposten an die Republikaner verloren. Johnson konnte nicht einmal davon ausgehen, dass seine eigene Partei ihn zur Wiederwahl nominieren würde. Mit dem liberalen Senator und erklärten Gegner des Vietnamkrieges, Eugene McCarthy aus Minnesota, gab es einen innerparteilichen Konkurrenten. McCarthy wollte mit seiner Kandidatur Kriegsgegnern eine politische Heimat geben und ihr Abgleiten in illegale Aktionen gegen den Krieg verhindern.[15]

Bei den Vorwahlen im Bundesstaat New Hampshire am 12. März 1968 erhielt Johnson erwartungsgemäß die meisten Stimmen. Aber mit 49 Prozent erreichte er nicht die absolute Mehrheit. McCarthy lag mit 42 Prozent der Stimmen nur unwesentlich zurück. Die Anhänger der Demokratischen Partei waren in der Frage von Krieg und Frieden offensichtlich tief gespalten. Wenige Tage nach den Vorwahlen in New Hampshire erklärte auch Senator Robert Kennedy, der jüngere Bruder des ermordeten Präsidenten, seine Kandidatur um das Präsidentenamt. Kennedy verlangte ebenfalls ein schnelles Ende des Krieges. Seine Kandidatur sollte deutlich machen, wie stark die Kriegsgegner in der Demokratischen Partei waren. Tatsächlich jedoch schwächte sie die Kriegsgegner, weil sie nun in zwei Lager gespalten waren.

Am 31. März überraschte Johnson die Nation mit der Erklärung, dass er für eine weitere Amtszeit nicht zur Verfügung stehe. Es gibt eine Reihe von Gründen für diese Entscheidung: Da ist zunächst die Furcht vor einer Wahlniederlage im November. Aber Johnson sorgte sich auch um den eigenen prekären Gesundheitszustand. Er hatte 1955 einen Herzinfarkt erlitten und musste sich 1965 einer Gallenblasenoperation unterziehen. Johnson starb im Januar 1973, fast auf den Tag genau vier Jahre nach seinem Ausscheiden aus dem Amt. Der Historiker Robert Dallek hält noch einen weiteren Grund für die Entscheidung vom März 1968, nicht noch einmal anzutreten

---

[15] Rick Perlstein, *Nixonland: The Rise of a President and the Fracturing of America*, New York 2008, 225.

Präsident Johnson hört am 31. Juli 1968 im Weißen Haus eine Tonbandaufzeichnung seines Schwiegersohnes Hauptmann Charles Robb über die schwierige Lage in Vietnam.

für wahrscheinlich. Johnson wollte sich bis zum November hauptsächlich den Verhandlungen für einen Friedensvertrag mit Nordvietnam widmen. Das würde so viel Zeit in Anspruch nehmen, dass er nicht gleichzeitig Wahlkampf betreiben könnte. Sollte er in dieser Zeit ein Abkommen mit Hanoi aushandeln können, würde er als Friedenspräsident in die Geschichte eingehen und einen Wahlerfolg der Demokraten garantieren.[16]

Ohne den Präsidenten standen McCarthy, Kennedy und Vizepräsident Hubert Humphrey für die Nominierung der Demokratischen Partei zur Wahl. Bei den Vorwahlen in Wisconsin Anfang April erhielt McCarthy eine Mehrheit von 56 Prozent der Stimmen. Bei den Vorwahlen in Kalifornien am 4. Juni erhielten Kennedy 46 und McCarthy 42 Prozent der Stimmen. Es scheint nicht ausgeschlossen, dass Robert Kennedy auf dem Parteitag in Chicago die Nominierung erhalten hätte, wenn er nicht am Tag der kalifornischen Vorwahl angeschossen und am folgenden Tag seinen schweren Verletzungen erlegen wäre. Auf dem Parteitag wurde Humphrey zum Präsidentschaftskandidaten seiner Partei gekürt.

Die Demokratische Partei war in der Frage der Fortsetzung des Vietnamkrieges in einer ausweglosen Situation. Humphrey war gegen ein sofortiges Ende des amerikanischen Einsatzes. Hätte er sich für einen unverzüglichen Abzug der US-Truppen ausgesprochen, hätte das dem bisherigen Kurs von Johnson widersprochen und den Kriegsgegnern und Demonstranten Recht gegeben. Aber eine Fortführung des Krieges war gesellschaftlich umstritten

[16] Robert Dallek, *Flawed Giant: Lyndon Johnson and His Times, 1961–1973*, New York 1998, 529.

und musste fast zwangsläufig zum Machtverlust für die Partei führen. Wie tief der Graben in der Öffentlichkeit war, wurde während des Nominierungsparteitages in Chicago im Sommer deutlich, der als einer der gewalttätigsten in die Geschichte des Landes einging. Die Chicagoer Polizei und die Nationalgarde, zusammen etwa 12.000 Mann, gingen mit großer Härte gegen Demonstranten außerhalb des Kongresszentrums vor. Senator Abraham Ribicoff aus Connecticut verglich das Vorgehen der Polizei mit dem der Gestapo. Der Musiker David Crosby verarbeitete diese Ereignisse einige Zeit später in seinem Song Chicago: „Won't you please come to Chicago / Just to sing / In a land that's known as freedom / How can such a thing be fair / Won't you please come to Chicago / For the help that we can bring." In seinen Erinnerungen kritisierte Johnson die Demonstranten für die Unruhen und machte sie für die Wahlniederlage seiner Partei im November verantwortlich: „Die Gewaltanwendung in Chicago war ein großes politisches Geschenk für Nixon. Die Extremisten machten es uns [Demokraten] unmöglich, Staaten wie Oklahoma, Kentucky und Tennessee zu gewinnen, die Humphrey hätte für sich entscheiden müssen."[17]

Die Republikaner hielten ihren Parteitag 1968 in Miami Beach ab. Ihre Strategie war klar, die Partei erschien vereint im Widerstand gegen die Protestierenden. Einzig die Frage, wer Präsidentschaftskandidat werden sollte, war zu klären. Vorübergehend machte sich der Gouverneur von Kalifornien, Ronald Reagan, Hoffnung auf die Nominierung. Die Delegierten sprachen sich jedoch bereits

[17] Lyndon Baines Johnson, *The Vantage Point: Perspectives on the Presidency, 1963–1969*, New York 1971, 549.

im ersten Wahlgang für Richard Nixon aus. Nixon hatte sich in den späten vierziger Jahren einen Namen als überzeugter Antikommunist gemacht. In den fünfziger Jahren war er Vizepräsident von Präsident Dwight D. Eisenhower gewesen. Bei der Präsidentschaftswahl 1960 unterlag er Kennedy nur knapp.

Im Wahlkampf 1968 sprach Nixon bewusst diejenigen Menschen an, die sich nicht an Demonstrationen beteiligten und die die liberale Bewegung und die Gewaltanwendung ablehnten. Er nannte diese Personen, die besonders im Süden zu finden waren, „the great, quiet forgotten majority“. Dieser „vergessenen Mehrheit“ wollte er eine Stimme geben. In seinen Wahlkampfreden machte Nixon Bürgerrechtsvertreter und Kriegsgegner für alle Unzulänglichkeiten in Amerika verantwortlich. Verurteilte Straftäter würden Gerichtssäle als freie Männer verlassen; es gebe Unruhen, Anti-Kriegsdemonstrationen und Angriffe auf Politiker. All das deutete für ihn an, dass im Land etwas nicht mehr stimme:

> Amerika ist in Schwierigkeiten, nicht weil sein Volk versagt hat, sondern weil seine Führer versagt haben. Wenn die stärkste Nation der Welt vier Jahre lang in einem Krieg ohne Ende gebunden werden kann; wenn die reichste Nation der Welt ihre eigene Wirtschaft nicht in Ordnung bringen kann; wenn die Nation mit einer Tradition der Rechtsstaatlichkeit von beispielloser Gesetzlosigkeit geplagt wird; wenn eine Nation, die seit einem Jahrhundert für Chancengleichheit bekannt ist, von beispielloser rassistischer Gewalt zerrissen wird, […] dann ist es Zeit für eine neue Führung für die Vereinigten Staaten von Amerika.[18]

[18] Richard Nixon, *RN: The Memoirs of Richard Nixon,* New York 1978, 315.

1968 und der „konfrontative Konservatismus“

Aus der Wahl im November ging Nixon als knapper Sieger hervor. Er erhielt 31,8 Mio. Stimmen, Humphrey bekam 500.000 Stimmen weniger. Wie beharrlich die Südstaatler an ihren rassistischen Vorurteilen festhielten, wurde durch das gute Abschneiden von George C. Wallace deutlich, der mit fast zehn Millionen Stimmen fünf Südstaaten gewann. Wallace war 1963 als Gouverneur von Alabama national bekannt geworden, als er Schwarzen persönlich den Zutritt zur University of Alabama versperrte und ankündigte, dass die Rassentrennung in seinem Staat für alle Zeit fortbestehen werde. Wallace’ erster Präsidentschaftswahlkampf 1964 hatte mit einem erfolglosen Abschneiden bei den Vorwahlen geendet. Vier Jahre später trat er nicht als Kandidat der Demokratischen Partei, sondern für die American Independent Party an. Sein hoher Stimmenanteil 1968 muss als Hinweis gewertet werden, wie tief die Unzufriedenheit eines Teils der weißen Mittelschicht mit der bisherigen Politik der Regierung war. Wallace’ Sieg in den Staaten Alabama, Arkansas, Georgia, Louisiana und Mississippi markiert den Übergang des Südens von den Demokraten, die sich unter Johnson den Belangen der Schwarzen geöffnet hatten, hin zur Republikanischen Partei, die eine Politik im Interesse dieser Gruppe bewusst ablehnte.

Nixon gelang in den folgenden Jahren, was Johnson verwehrt geblieben war: Er führte einen teuren und unpopulären Krieg in Südostasien, wurde von seinen Anhängern geschätzt und vier Jahre später mit überwältigender Mehrheit wiedergewählt. Die Demokraten nominierten 1972 den liberalen Kriegsgegner George McGovern zum

Präsidentschaftskandidaten. Er erhielt jedoch nur 37,5 Prozent der Wählerstimmen und 17 Wahlmännerstimmen. Das war ein noch schlechteres Ergebnis als Barry Goldwater acht Jahre zuvor gegen Johnson erzielt hatte. Die liberale Phase der amerikanischen Politik war unübersehbar an ihr Ende angelangt.

Lyndon B. Johnson muss als tragische Person angesehen werden. Er hatte eine sozialreformerische Bewegung maßgeblich initiiert und hätte auf einer Woge der Zustimmung getragen das Land nachhaltig verändern können. Doch niemand anders als er selbst hatte mit dem Krieg in Vietnam den Erfolg der Reformen in Frage gestellt. Als Ex-Präsident äußerte er sich enttäuscht und verbittert, dass ihn so viele Amerikaner nicht als Verfechter der Bürgerrechte ansahen, sondern als Kriegstreiber verurteilten:

> Ich habe versucht, es Kindern aller Hautfarben zu ermöglichen, in einem schönen Haus aufzuwachsen, ein gutes Frühstück zu essen, eine anständige Schule zu besuchen und einen guten und dauerhaften Job zu bekommen. Ich habe nach so wenig gefragt, nur einem kleinen Dankeschön. Nur eine kleine Anerkennung. Das ist alles. Aber was habe ich stattdessen bekommen? Aufstände in 175 Städten. Plünderungen, Brandstiftungen, Erschießungen. Junge Leute, die zu Tausenden die Universität verließen, auf den Straßen marschierten und dieses schreckliche Lied darüber sangen, wie viele Kinder ich an diesem Tag getötet habe … Es hat alles ruiniert.[19]

Auch heutige Historiker tun sich schwer mit Johnsons Vermächtnis. In ihrem Buch *The Liberal Hour* schreiben G. Calvin Mackenzie und Robert Weisbrod, es sei eine grausame Ironie, dass je mehr die Regierung zur Unterstützung für Schwarze getan habe, umso mehr Ghettos

[19] Zit. nach Farber, *Age of Great Dreams*, 212.

in Flammen aufgegangen seien. Studien hätten ergeben, dass viele Schwarze zwar glaubten, dass sich die Regierung grundsätzlich um ihre Belange kümmern wolle, dass sie jedoch enttäuscht seien, weil sie in ihrem eigenen Leben keine Verbesserungen gespürt hätten.[20]

Das dauerhafte Vermächtnis von 1968 in Amerika war ein Vertrauensverlust in die politischen Institutionen des Landes unter Liberalen und Konservativen gleichermaßen. Liberale sahen einen Krieg, der nicht mit den Werten Amerikas vereinbar war. Sie erschraken, als die Chicagoer Polizei mit Schlagstöcken auf Demonstranten zumarschierte und die Nationalgarde von Ohio vier Studenten der Kent State University erschoss. Liberale sahen in staatlichen Strukturen Unterdrückungsinstrumente, um Kriegsgegner, Unangepasste, Studenten und Schwarze rechtlos zu halten. „Die Brutalität der Polizei [...] schuf mehr Radikale als alle Pamphlete, Bücher und Reden der neuen linken Avantgarde zusammen," so der Publizist Terry Anderson.[21]

Gleichzeitig hielten Konservative den Staat angesichts permanenter Demonstrationen und Rechtsbrüche für kaum noch handlungsfähig. Der Kongressabgeordnete (und spätere Präsident) Gerald Ford fragte, wie lange Recht und Gesetz in Amerikas Städten noch außer Kraft gesetzt sein werden. Auf der rechten Seite des politischen Spektrums markiert ‚1968' den Beginn eines neuen „konfrontativen Konservatismus" („confrontational conservatism"). Für Nixon war Politik ein Krieg, in dem alle Mittel erlaubt waren, so sein Biograph Tom Weiner. John

20 Mackenzie / Weisbrot, *Liberal Hour*, 335.

21 Anderson, *Movement and the Sixties*, 235.

Ehrlichman, der Rechtsberater des Weißen Hauses in der Nixon-Administration, erklärte dem Journalisten Dan Baum in einem Interview 1994, dass Nixons Krieg gegen die Drogen in Wahrheit ein Krieg gegen Hippies und Schwarze gewesen sei:

> Der Wahlkampf von Nixon im Jahr 1968 und das Weiße Haus unter Nixon hatten zwei Gegner: die Antikriegs-Linken und die Schwarzen. […] Wir wussten, dass wir es nicht für illegal erklären konnten, gegen den Krieg oder schwarz zu sein, aber wenn es uns gelingen würde, dass die Öffentlichkeit Hippies mit Marihuana und Schwarze mit Heroin in Verbindung bringen würde und wir dann [diese Drogen] kriminalisierten, könnten wir diese Gruppierungen spalten. Wir könnten ihre Anführer verhaften, in ihre Häuser eindringen, ihre Treffen auflösen und sie Nacht für Nacht in den Abendnachrichten kriminalisieren. Wussten wir, dass wir wegen der Drogen gelogen haben? Natürlich haben wir das gewusst.[22]

Der konfrontative Konservatismus hatte auch eine außenpolitische Seite. Es steht heute außer Frage, dass Nixon im Wahlkampf 1968 den südvietnamesischen Botschafter Bui Diem gedrängt hat, sich auf keine Friedensverhandlungen mit Johnson einzulassen, um ihm keinen Erfolg zu gönnen und stattdessen auf eine republikanische Administration zu warten.[23]

Dem Historiker stellen sich im Zusammenhang mit den Ereignissen von 1968 Fragen, die nie abschließend zu beantworten sein werden: Wie wäre das Jahr 1968 verlaufen, wenn es die Ermordungen Kings und Kennedys

---

[22] Weiner, *One Man Against the World*, 16–9; Ehrlichman, zit. nach Dan Baum, „Legalize It All, How to Win the War on Drugs", *Harper's Magazine*, April 2016.

[23] Weiner, *One Man Against the World*, 19.

nicht gegeben hätte? Wenn Ray sein Ziel nur um wenige Zentimeter verfehlt hätte, was wäre dann aus der Bürgerrechtsbewegung geworden? Wenn Kennedy das Attentat nur leicht verletzt überlebt hätte, wäre er zum Präsidenten gewählt worden? Wäre der Vietnamkrieg drei Jahre eher beendet worden? Hätte die Demokratische Partei einen solchen Richtungswechsel in der Vietnamfrage überstanden? Was wäre 1968 in Berlin, Paris oder Tübingen passiert, wenn es den amerikanischen Aufbruch und die Unruhen der Jahre nach 1965 nicht gegeben hätte? In vielen Ländern hatte die junge Generation das Gefühl, dass sich etwas ändern müsse. Amerika war das Vorbild.

Die Vereinigten Staaten des frühen 21. Jahrhunderts unterscheiden sich zwar deutlich von denen der späten 1960er Jahre, doch sind damals wichtige Weichenstellungen für die Gegenwart getroffen worden. Protestaktionen, die vor 1968 noch unerhört waren, sind selbstverständlich geworden. Menschen, die sich im öffentlichen Leben benachteiligt fühlen, treten heute selbstbewusst für ihre Anliegen ein.

Schließlich erscheint im Abstand von fast zwei Generationen manche Maßnahme des zivilen Ungehorsams aus dem Jahr 1968 in einem milderen Licht. Fünfzig Jahre nach dem Einbruch in das Rekrutierungsbüro der US-Armee in Catonsville wurde in der Stadt eine Gedenktafel mit dem Hinweis angebracht, dass die Neun eine wichtige Rolle in der Antikriegsbewegung gespielt und weitere Akte des zivilen Ungehorsams im ganzen Land inspiriert hätten.

Ausgewählte Literatur

Anderson, Terry H., *The Movement and the Sixties: Protest in America From Greensboro to Wounded Knee*, New York 1995.

Baum, Dan, „Legalize It All: How to Win the War on Drugs", *Harper's Magazine*, April 2016.

Cottrell, Robert C., *Sex, Drugs, and Rock'n' Roll: The Rise of America's 1960s Counterculture*, Lanham 2015.

Cronin, Paul (Hg.), *A Time to Stir: Columbia '68*, New York 2018.

Dallek, Robert, *Flawed Giant: Lyndon Johnson and His Times, 1961–1973*, New York 1998.

Darman, Jonathan, *Landslide: LJB and Ronald Reagan at the Dawn of a New America*, New York 2014.

Farber, David, *The Age of Great Dreams: America in the 1960s*, New York 1994.

Heath, Jim F., *Decade of Disillusionment: The Kennedy-Johnson Years*, Bloomington 1975.

Johnson, Lyndon Baines, *The Vantage Point: Perspectives on the Presidency, 1963–1969*, New York 1971.

Kennedy, John F., *Public Papers of the Presidents of the United States, John F. Kennedy*, Washington, DC, 1964.

Mackenzie, G. Calvin/Weisbrot, Robert, *The Liberal Hour: Washington and the Politics of Change in the 1960s*, New York 2008.

Minutaglio, Bill/Davis, Steven L., *The Most Dangerous Man in America: Timothy Leary, Richard Nixon and the Hunt for the Fugitive King of LSD*, New York 2018.

Nixon, Richard, *RN: The Memoirs of Richard Nixon*, New York 1978.

Perlstein, Rick, *Nixonland: The Rise of a President and the Fracturing of America*, New York 2008.

Report of the President's Commission on Campus Unrest, Washington, DC, 1970.

Weiner, Tim, *One Man Against the World: The Tragedy of Richard Nixon, New York* 2015.

Young, Ralph, *Dissent: The History of an American Idea*, New York 2015.

Ein Nationalstaat im Stresstest

1968 in Frankreich

Johannes Großmann

‚1968' war kein eindeutig fassbares und zeitlich isoliertes Ereignis. Es handelt sich vielmehr um eine „Chiffre"[1], die für ein breites und vielfältiges Spektrum an historischen Entwicklungen, Wahrnehmungen und Deutungen steht. Einiges spricht daher dafür, nicht vom ‚Jahr 1968', sondern von den „1968er Jahren"[2] zu sprechen. Die Verwendung des Plurals bietet sich in dreifacher Hinsicht an. Sie verweist *erstens* auf breitere historische Zusammenhänge und längerfristige strukturelle Prozesse. Denn die Proteste und revolutionären Eruptionen, die sich um das Jahr 1968 an zahlreichen Orten der Welt beobachten lassen, waren Indikatoren und Katalysatoren kultureller, gesellschaftlicher und politischer Transformationsprozesse, die deutlich umfangreicher waren, wesentlich tiefer reichten und sich über eine weitaus längere Zeitspanne hinzogen. Sie knüpften an frühere Protestbewegungen an. Sie waren unauflöslich verwoben mit dem Aufstieg von Massenkonsum

[1] Wolfgang Kraushaar, *1968 als Mythos, Chiffre und Zäsur*, Hamburg 2000.

[2] Geneviève Dreyfus-Armand / Robert Frank / Marie-Françoise Lévy / Michelle Zancarini-Fourel (Hgg.), *Les années 68. Le temps de la contestation*, Brüssel 2000.

und Populärkultur. Und sie brachten einen Wandel von Überzeugungen und Gewohnheiten zu Ausdruck, der sich seit dem Ende des Zweiten Weltkriegs angebahnt hatte und nun noch einmal deutlich beschleunigt wurde. Wer ‚1968' verstehen will, muss daher die „langen"[3] sechziger Jahre als Ganzes in den Blick nehmen und ihre Bedeutung als Umbruchsjahrzehnt des 20. Jahrhunderts anerkennen.

Die Rede von den „1968er Jahren" unterstreicht *zweitens*, dass diese Entwicklungen in den jeweiligen nationalen Kontexten höchst unterschiedliche Ausprägungen haben konnten. So verschafften sich die Studierenden in Frankreich erst deutlich später Gehör als zum Beispiel in den USA oder der Bundesrepublik. Ihre Protestbewegung entwickelte sich dafür jedoch wesentlich rascher. Ihre spontane Dynamik traf die Öffentlichkeit und die Politik daher auch unvermittelter und unvorbereiteter. Zwar hatten die Ereignisse von 1968 auch in Frankreich eine längere Vorgeschichte. Grundsätzlich bot die autoritäre Politik der ökonomischen Modernisierung und der nationalen Selbstbehauptung unter Charles de Gaulle jedoch nur wenig Raum für unangepasstes gesellschaftliches Verhalten und soziale Reformen. Sie zwang das Land in ein bipolares politisches Korsett, das den Franzosen letztlich nur die Wahl ließ zwischen dem bürgerlich-konservativen Kurs der Gaullisten und dem orthodoxen Marxismus der verkrusteten Kommunistischen Partei.

Von den „1968er Jahren" im Plural zu sprechen, empfiehlt sich *drittens* auch aufgrund des transnationalen

---

[3] Johannes Großmann / Hélène Miard-Delacroix (Hgg.), *Deutschland, Frankreich und die USA in den ‚langen' 1960er Jahren. Ein transatlantisches Dreiecksverhältnis*, Stuttgart 2018.

Charakters des Phänomens. Die mit ‚1968' in Verbindung gebrachten Ereignisse in den USA, Deutschland, Frankreich und zahlreichen anderen Ländern auf der ganzen Welt lassen sich nicht isoliert voneinander betrachten. Sie nahmen aufeinander Bezug, waren teils eng miteinander verschränkt und befeuerten sich wechselseitig. So traten Protestierende aus unterschiedlichen Ländern und Weltregionen – zumindest vorgeblich – für die gleichen Ideen ein. Ihre Rhetoriken und Praktiken ähnelten sich. Viele sahen und inszenierten sich als Teil einer weltweiten, solidarischen Bewegung.

Der vorliegende Beitrag soll einige Überlegungen dazu präsentieren, wie sich die Geschichte des Pariser Mai 1968 in einen breiteren zeitlichen, räumlichen und kausalen Zusammenhang einbetten und in einer transnationalen Perspektive deuten lässt. Sein Ziel ist nicht, die spezifischen nationalen Bedingungen des Mai 1968 in Frankreich zu relativieren. Im Zentrum steht vielmehr die Frage, wie sich die nationale und die transnationale Dimension von ‚1968' zusammendenken lassen. Ausgangspunkt ist die Hypothese, dass ‚1968' in Frankreich als ein Aufbegehren gegen die nationalstaatliche Ordnung begriffen werden muss, das sich jedoch den nationalstaatlichen Idealen und Traditionen nie gänzlich entziehen konnte und daher letztlich an einem unauflöslichen Widerspruch scheiterte.

Paris im Mai 1968: „Fast eine Revolution“[4]

Der Pariser Mai 1968 beginnt im April 1968 in Nanterre. Ein Teil der Philosophischen Fakultät der aufgespaltenen Sorbonne ist hier seit 1964 auf einem ebenso weitläufigen wie seelenlosen Campusgelände jenseits des Pariser Stadtgebiets untergebracht. Nanterre ist ein aus Stahlbeton und Glas gegossenes Symbol der Universitätsexpansion. Unter den Professoren und Assistenten weht ein reformerischer Geist, der jedoch kaum mit den Forderungen einer rasch expandierenden und sich zunehmend politisch radikalisierenden Studierendenschaft Schritt halten kann. Nach einem nächtlichen Steinwurf auf das Schaufenster einer *American Express*-Filiale in Nanterre werden am 22. März einige Studierende von der Polizei verhaftet. Eine Gruppe von linken, aber ideologisch recht heterogenen Studierendenvertretern schließt sich daraufhin zur sogenannten Bewegung 22. März zusammen. Unter ihnen befinden sich neben Kommunisten und Sozialisten, Trotzkisten und Maoisten, Syndikalisten und Anarchisten auch einige sogenannte *Situationnistes*. Diese wollen die Herrschaft des Kapitals und die Autorität der Staatsmacht mit spontanen, gewaltfreien und ironischen Mitteln brechen. Die Protestierenden besetzen Hörsäle und setzen sich über das Übernachtungsverbot für männliche Studenten in den Wohnheimen der Studentinnen hinweg. Auf diese Taktik der begrenzten Regelverletzungen und des zivilen

[4] Wilfried Loth, *Fast eine Revolution. Der Mai 68 in Frankreich*, Frankfurt am Main 2018. Trotz des Titels widmet sich Loth – wie die überwiegende Mehrheit der Darstellungen zu ‚1968‘ in Frankreich – fast ausschließlich den Entwicklungen in Paris.

Ungehorsams reagiert die überforderte Universitätsleitung am 3. Mai mit der Schließung der Fakultät.

Erst jetzt greift die Bewegung auf die Pariser Innenstadt über. Eine Gruppe von einigen hundert Studierenden protestiert im Innenhof der Sorbonne friedlich gegen die Schließung der Fakultät in Nanterre. Auch hier reagiert die Universitätsleitung völlig überzogen. Die Polizei löst die Demonstration auf. Als sie die Personalien der Protestierenden aufnehmen will, kommt es zu gewaltsamen Auseinandersetzungen mit mehreren Verletzten. Zahlreiche Studenten werden festgenommen. 13 Beteiligte bleiben letztlich in Haft. Auch die Sorbonne wird geschlossen. Von nun an können die Anführer der Unruhen klare Forderungen formulieren: Wiedereröffnung der Sorbonne, Abzug der Polizei und Freilassung der inhaftierten Studenten. Das *Quartier Latin* um die Sorbonne wird zur Bühne der Protestbewegung, die angesichts der als ungerecht und unangemessen empfundenen Reaktionen der Autoritäten nun rasch an Zulauf gewinnt. Gemäßigte Studenten, Anwohner und Schüler solidarisieren sich mit der Bewegung 22. März. In den folgenden Tagen schwellen die Demonstrationszüge auf mehrere tausend, schließlich auf mehrere zehntausend Personen an. Immer wieder kommt es zu mehr oder weniger heftigen Zusammenstößen mit der Polizei. In der sogenannten Nacht der Barrikaden vom 10. auf den 11. Mai gehen Einsatzkräfte der Polizei mit Schlagstöcken, Wasserwerfern und Tränengasgranaten gegen die Demonstranten vor, die sich ihrerseits hinter umgestürzten Autos verschanzen und die Einsatzkräfte mit Pflastersteinen bewerfen. Da die Auseinandersetzungen live im Radio übertragen und kommentiert werden, fühlen sich nun viele Franzosen direkt von den Vorgängen betroffen.

Vor diesem Hintergrund scheint der studentischen Protestbewegung in Frankreich zu gelingen, was ihr in anderen Ländern versagt bleibt: der Brückenschlag zur Arbeiterschaft und ein breites Bündnis mit linken Gewerkschaften und Politikern. Für den 13. Mai wird zum Generalstreik aufgerufen. Es handelt sich um den zehnten Jahrestag des Putsches von Algier, der die Rückkehr de Gaulles an die Spitze des Landes eingeleitet hatte. In Paris gehen etwa 225 000 Menschen auf die Straße. In den kommenden Tagen und Wochen kommt es zu einer weitgehenden Lahmlegung des öffentlichen Lebens. Am 16. Mai sind 70 000 Arbeiter im Streik. Am 20. Mai sind es bereits mehr als zwei Millionen, tags darauf schon fünf Millionen. Letztlich treten wohl zwischen neun und zehn Millionen Arbeiter und Angestellte in den Ausstand. Viele besetzen ihre Betriebe und organisieren sich in Selbstverwaltungskomitees. In Paris reichen die Abfallberge mancherorts bis zur ersten Etage der Wohnhäuser.

Mit dem unerwarteten Erfolg dieser Streikbewegung ist die gesamte politische und soziale Ordnung in die Schusslinie geraten. Am 24. Mai kündigt de Gaulle im Fernsehen ein Referendum über ein sozio-ökonomisches Reformprogramm an. Die Umrisse der Reformen bleiben jedoch vage. Der General verkennt, dass die Demonstranten nicht nach einem dosierten Reformprogramm von oben, sondern nach echter Mitbestimmung und nach einem grundlegenden Wandel der politischen Kultur in Frankreich verlangen. In der Nacht vom 24. auf den 25. Mai kommt es erneut zu heftigen Zusammenstößen mit der Polizei. Diesmal sind sogar zwei Tote zu beklagen. *Der Spiegel* schreibt bereits von einer „Französischen Revolution".[5] Tatsächlich wird die Protest- und Streikbewegung nun zu einer Regimekrise – zumal der lange schwelende Konflikt zwischen de Gaulle und seinem Premierminister Georges Pompidou offen zu Tage tritt. In diesen Tagen wankt das politische System der Fünften Republik. Nicht nur die Träger des Protests halten einen Rücktritt de Gaulles und die Konstituierung einer linken Übergangsregierung für möglich. Doch die anhaltende Uneinigkeit zwischen Kommunisten, Sozialisten und gemäßigten Linken, vor allem aber das tiefe Misstrauen der Studierendenbewegung gegenüber den parteipolitischen Akteuren, machen diese Perspektive zunichte.

Am 29. Mai verlässt de Gaulle Paris mit unbekanntem Ziel. Seine politischen Wegbegleiter sind darüber nicht informiert. Sie sind ratlos. Möchte sich der General lediglich von den Anstrengungen der letzten Tage erholen? Hat er sich ins Exil begeben? Verhandelt er mit der Armee über eine Niederschlagung der Revolte? Die genauen Hintergründe dieser Episode werden noch zu erläutern sein. Jedenfalls kehrt de Gaulle nur wenige Stunden später in die Hauptstadt zurück. In einer neuerlichen Fernsehansprache am 30. Mai kündigt er die Auflösung des Parlaments und Neuwahlen zum nächstmöglichen Zeitpunkt an. Mit anti-totalitärer Rhetorik macht er gegen die angeblich kommunistische Revolte mobil. Direkt nach dieser Ansprache veranstalten seine Anhänger eine große Kundgebung auf den Champs-Élysées, zu der sich etwa 300 000 bis 400 000 Teilnehmer versammeln. De Gaulle scheint damit die ‚schweigende Mehrheit' für seinen Kampf um

[5] Titelcover des *Spiegel*, Nr. 22, 27.5.1968.

den Machterhalt mobilisiert zu haben. Gleichzeitig zerfällt die heterogene Koalition der Protestbewegung mit der gleichen Geschwindigkeit, mit der sie sich gebildet hat. Die streikenden Arbeiter werden durch die sogenannten *Accords de Grenelle* besänftigt – ein Paket von Lohnerhöhungen, Arbeitszeitverkürzungen und Mitbestimmungsrechten, das Gewerkschaften und Arbeitgebervertreter unter Vermittlung der Regierung ausgehandelt haben. Am 6. Juni fahren Metro und Eisenbahn wieder. Das öffentliche Leben normalisiert sich. Die Wahlen vom 23. und 30. Juni bringen einen erdrutschartigen Sieg der Gaullisten. Kommunisten und vereinigte Linke verlieren mehr als die Hälfte ihrer Sitze.

Eine Revolte gegen den Nationalstaat

Dies ist die klassische Erzählung des Pariser Mai 1968 aus der nationalgeschichtlichen Perspektive. Es handelt sich um eine chronologische und lineare Erzählung, die der Pluralität der „1968er Jahre" jedoch kaum gerecht wird. Denn tatsächlich folgte die Revolte des Mai 1968 keinem einheitlichen Plot. Sie hatte keinen unumstrittenen Anführer. Ihre Träger waren höchst unterschiedlicher sozialer Herkunft. Daher waren auch die Vorstellungen und Ziele der Protestbewegung vage und widersprüchlich. Allerdings lässt sich durchaus eine Art Wesenskern des Mai 1968 ausmachen – nämlich der Anspruch auf gesellschaftliche und politische Teilhabe, der auf dem Ideal einer sich selbst regierenden Bevölkerung basierte. Die Protestbewegung forderte also in erster Linie Partizipation, was sie mit Slogans wie „Jeder von uns ist der Staat" zum Ausdruck brachte. Die Studierenden wollten selbst über ihr Schicksal bestimmen. Sie wollten selbst entscheiden, worüber sie diskutierten, wo und wann sie ihre Partner und Partnerinnen trafen, was sie aus ihrem Leben machten. Die offenen, zumindest äußerlich hierarchiefreien Diskussionsrunden in besetzten Hörsälen und Seminarräumen setzten diesen Anspruch wirkungsvoll in Szene.

Der Gedanke der Mitbestimmung übertrug sich schließlich auf die Arbeiterschaft. Die Arbeitsniederlegungen und Fabrikbesetzungen zielten zunächst nicht auf höhere Löhne und mehr Urlaub. Sie verbanden sich vielmehr mit der Forderung nach sozialer Anerkennung und betrieblicher Mitbestimmung, die anders als zum Beispiel in der Bundesrepublik in Frankreich nicht gesetzlich garantiert war. Die bestehenden Gewerkschaften mit ihrer engen Bindung an politische Parteien, ihrem niedrigen Organisationsgrad und ihrer Beschränkung auf materielle Verbesserungen für Arbeiter und Angestellte konnten diesen Anspruch nicht befriedigen. Vor allem die Studierenden, aber auch die Arbeiter entwickelten neue, bis dahin nicht beschrittene Wege, um mehr gesellschaftliche und politische Partizipation einzufordern. Sie gingen dabei nicht zielstrebig vor, sondern spontan, suchend und in erstaunlich rascher Reaktion auf die jeweilige Situation. Sie führten den Mächtigen vor Augen, dass Demokratie für sie mehr bedeutete als eine Abstimmung über politische Parteien und Programme in Wahlen und Plebisziten. Ihre Vorstellung war die einer Demokratie von unten, in der die Regierten zu Regierenden wurden und selbst über die politische Agenda entschieden.

Damit richtete sich die Revolte letztlich gegen die staatliche Ordnung als solche. Tatsächlich vertraten einige prominente Anführer der Bewegung dezidiert anarchistische

Positionen, wenn sie für eine „Quasi-Liquidation des Staates“[6] eintraten und zum offenen Widerstand gegen die Staatsgewalt aufriefen. Dennoch scheuten die meisten Protestierenden vor einem Frontalangriff gegen den Staat unter Anwendung physischer Gewalt zurück. Stattdessen zwangen sie die Vertreter des Staats durch die karnevaleske Inszenierung einer Revolution zu überzogenen Reaktionen. Denn erst das brutale Vorgehen staatlicher Repräsentanten – allen voran der kasernierten Polizeieitruppen der *Compagnies Républicaines de Sécurité* (CRS) – sorgte dafür, dass sich der unbestimmte Anarchismus der Protestbewegung immer konkreter gegen das ‚Regime‘ der Fünften Republik als Verkörperung staatlichen Zwangs und staatlicher Willkür richtete. Auch die Überführung der Studentenrevolte in eine breite Streikbewegung schrieb sich in diesen Deutungshorizont ein. Denn in keinem anderen westlichen Land trat der Staat so prominent als Arbeitgeber in Erscheinung wie in Frankreich. Viele der großen Industriebetriebe waren in staatlicher Hand. Hunderttausende Lehrer, Dozenten und Erzieher wurden direkt vom Staat angestellt und entlohnt. Der wilde, von den Gewerkschaften nicht mehr steuerbare Streik war insofern kein einfacher Arbeitskampf, sondern ein direkter Angriff auf die Autorität und die Macht des Staates.

Der anti-staatliche bzw. anti-systemische Protest richtete sich jedoch nicht nur gegen die Regierung. Er galt auch der traditionellen Linken und insbesondere der Kommunistischen Partei, dem *Parti Communiste Français* (PCF).

---

[6] Ingrid Gilcher-Holthey, *„Die Phantasie der Macht“. Mai 68 in Frankreich*, Frankfurt am Main 1995, 144 (= Gilcher-Holthey, Phantasie).

Die Wortführer der Protestbewegung wandten sich dezidiert gegen die festgefahrenen Strukturen, die ideologische Engstirnigkeit und den autoritären Führungsanspruch der überalterten kommunistischen Kader. Sie kritisierten deren unbedingte Treue gegenüber Moskau und warfen ihnen vor, sich im bestehenden politischen System eingenistet und den Anspruch auf eine revolutionäre Umgestaltung der Verhältnisse aufgegeben zu haben. Daniel Cohn-Bendit und sein Bruder Gabriel kanonisierten diese Kritik in einer Streitschrift unter dem Titel *Le gauchisme, remède à la maladie sénile du communisme.*[7] Darin traten sie den „offiziellen und patentierten Schildhaltern der Revolution“ selbstbewusst entgegen und verurteilten die parteipolitische „Arbeiterbürokratie“ als geheimen Verbündeten des kapitalistischen Systems.[8] Auch mit dem philo-kommunistischen intellektuellen Establishment ging die Protestbewegung hart ins Gericht, weshalb sie zu Recht als eine „Art negativer Koalition gegen die Staatsmacht und die alte Linke“[9] charakterisiert wurde. Die Protestierenden richteten sich nicht einfach gegen den Kapitalismus, sondern auch gegen die alten und überkommenen Deutungsmuster des Klassenkampfes und des Kalten Krieges. Sie träumten nicht vom

[7] Daniel Cohn-Bendit/Gabriel Cohn-Bendit, *Le gauchisme, remède à la maladie sénile du communisme*, Paris 1968. Die deutsche Übersetzung erschien noch im gleichen Jahr unter dem etwas irreführenden Titel *Linksradikalismus – Gewaltkur gegen die Alterskrankheit des Kommunismus* (= Cohn-Bendit/Cohn-Bendit, Linksradikalismus). Vgl. Daniel Cohn-Bendit/Gabriel Cohn-Bendit, *Le gauchisme, remède à la maladie sénile du communisme*, Paris 1968

[8] Wörtliche Zitate nach Cohn-Bendit/Cohn-Bendit, Linksradikalismus, 13 und 192.

[9] Gilcher-Holtey, Phantasie, 231.

Sieg des Sowjetkommunismus und von der Diktatur des Proletariats, sondern von einer Überwindung der bestehenden staatlichen Ordnung, von direkter Demokratie und gleichberechtigter Partizipation in einer hierarchiefreien Gesellschaft.

Eine Revolte in nationalstaatlichen Traditionen

Der Pariser Mai 1968 war also eine anti-staatliche bzw. anti-systemische Revolte. Gleichzeitig bediente sich diese Revolte jedoch traditioneller Formen und Rituale des republikanischen Protests und der nationalen Selbstbehauptung. Die Barrikaden in den Straßen des *Quartier Latin* waren der sichtbarste Ausdruck dieser Vereinnahmung ureigener republikanischer Symbole. Einen strategischen Nutzen in der Auseinandersetzung mit der Polizei hatten diese Barrikaden nicht. Sie standen vielmehr *pars pro toto* für die revolutionäre Tradition Frankreichs, in die sich die Protagonisten der Protestbewegung einschrieben. Mit der Errichtung von Barrikaden zogen die Demonstranten eine Verbindungslinie zu den Revolutionen von 1789 und 1830, zur Pariser Kommune von 1871 und zur Befreiung der Stadt Paris von den deutschen Besatzern im August 1944.

Die psychologische Bedeutung der Barrikaden ist daher nicht zu unterschätzen. Denn einerseits setzte ihre Errichtung im *Quartier Latin* das Bündnis aus Studierenden, Arbeitern und Pariser Bevölkerung anschaulich in Szene. So eilten Arbeiter von nahegelegenen Baustellen den Studenten zur Hilfe, während Passanten, Ladenbesitzer und Anwohner zusahen und die Barrikadenbauer mit Baumaterial und Lebensmitteln versorgten. Andererseits standen

Staat und Polizei vor einem Dilemma: Wenn sie gegen die Barrikaden vorgingen, zogen sie symbolisch gegen die republikanische Tradition ins Feld. Wenn sie sie stehen ließen, erkannten sie die historische Legitimität des Protests zumindest indirekt an. Dabei war die Errichtung von Barrikaden durchaus keine ungebrochene und unbefleckte republikanische Tradition. So hatten sich beispielsweise auch die französischen Bewohner Algiers im Januar 1960 auf ähnliche Weise gegen die Politik de Gaulles zur Wehr gesetzt, als dieser die einheimischen Algerier über ihre politische Zukunft abstimmen lassen wollte und damit letztlich den Weg zur Unabhängigkeit Algeriens freigab. Auch damals ließ de Gaulle Polizei und Armee gegen die Barrikaden anrücken. Nur zielte der Aufstand in Algier gerade nicht auf eine Mitbestimmung aller, sondern auf eine Militärdiktatur zur Wahrung des kolonialen Besitzstandes.

Neben den Barrikaden griff die Protestbewegung auch andere republikanische Symbole und Narrative auf. Für die Demonstranten unterschieden sich die Polizisten des CRS kaum von den Milizen des Vichy-Regimes oder den deutschen Besatzungstruppen. Die Formel „CRS = SS" brachte diese Ansicht auf den Punkt. Sie stellte die Opfer der Polizeigewalt auf eine Ebene mit den Opfern der Besatzung und zog damit eine historisch fragwürdige Verbindungslinie zwischen der Protestbewegung des Jahres 1968 und der *Résistance* im Zweiten Weltkrieg. Gegen das herrschende politische System brachten die Demonstranten also gerade jenes Widerstandsnarrativ in Stellung, das Präsident de Gaulle stärker verkörperte als jede andere historische Figur. De Gaulles Aufruf vom 18. Juni 1940 zum Widerstand gegen den deutschen Besatzer stellten sie einen „Aufruf vom 18. Juni 1968“ gegenüber, in dem sie die Fünfte Republik zur unrechtmäßigen Diktatur erklärten. Für die ‚1968er‘ stand de Gaulle in einer Linie mit den iberischen Diktatoren Franco und Salazar. Hinter der Maske de Gaulles steckte für sie die Fratze Hitlers (Abb.). Indem sie den selbsternannten Befreier der Französischen Republik zum Handlanger des Faschismus erklärte, stellte die Protestbewegung die historische Legitimität de Gaulles und der Fünften Republik grundsätzlich in Frage. Den „Mythos des Gaullismus“[10] versuchte sie zu entzaubern und in sein Gegenteil zu verkehren.

Die Bezugnahme auf republikanische Symbole und Narrative stand allerdings im Widerspruch zur Absicht, die staatliche Ordnung Frankreichs zu überwinden und eine Alternative zum bestehenden System zu entwerfen. Um ihre Vision einer partizipativen und hierarchiefreien Demokratie zu propagieren und ihrem Protest Ausdruck zu verleihen, griffen die ‚1968er‘ auf das Vokabular, die Symbole und die Narrative zurück, die sie aus dem Geschichtsunterricht kannten. Den nationalstaatlichen Horizont konnten sie auf diese Weise kaum überwinden. In einem ähnlichen Dilemma bewegten sich auch die streikenden Arbeiter, von denen im Mai 1968 vermutlich die größere Gefahr für die bestehende politische und soziokulturelle Ordnung ausging als von der Studentenbewegung. Auch für sie tat sich letztlich keine Alternative zu den traditionellen Mechanismen und Reflexen des Arbeitskampfes auf. Zwar wiesen die Arbeiter die *Accords de Grenelle* zunächst ab. Nach dem Zusammenbruch des

[10] Matthias Waechter, *Der Mythos des Gaullismus. Heldenkult, Geschichtspolitik und Ideologie, 1940–1958*, Göttingen 2006.

Hitler mit der Maske de Gaulles. Plakat der École Nationale Supérieure des Arts Décoratifs, Mai 1968.

studentischen Protests willigten jedoch auch die Arbeiter in die vorgezeichnete „Institutionalisierung des Konflikts"[11] ein. So führte die Protestbewegung letztlich zu einer Stärkung des republikanischen Konsenses. Im Rückblick war sie ein heftiges, aber nur kurzes Aufflammen jenes „hexagonalen Fiebers"[12], das die Französische Republik in regelmäßigen Abständen befiel, letztlich jedoch immer wieder zur Immunisierung gegen die Gefahr eines Bürgerkriegs und zur Konsolidierung der nationalen Einheit beitrug.

Zwischen Zentralismus und Lokalität

Um die Ereignisse des Mai 1968 zu verstehen, sollten wir aber nicht nur die historische Symbolik und Semantik der Revolte entschlüsseln, sondern uns auch die enorme Bedeutung des Zentralismus als „staatsorganisatorisches Leitprinzip"[13] des modernen Frankreich vor Augen führen. Die Konzentration der politischen Macht, der ökonomischen Kapazitäten und der kulturellen Produktion in Paris war entscheidend für die Entstehung und die Durchschlagskraft der Protestbewegung. Die Revolte war dabei gleichermaßen anti-zentralistisch wie zentralistisch. Sie war *anti-zentralistisch* in ihren Forderungen, da sie sich gegen den Dirigismus der Pariser Zentralregierung zur Wehr setzte und gegen Bürokratie und Technokratie zu Felde zog. Studierende und Arbeiter protestierten auch

---

[11] Gilcher-Holtey, Phantasie, 328.

[12] Michel Winock, *La fièvre hexagonale. Les grandes crises politiques 1871 à 1968*, Paris 1987, 327–372.

[13] Wolfgang Brücher, *Zentralismus und Raum. Das Beispiel Frankreich*, Stuttgart 1992, 15.

und gerade gegen die Anonymität eines politischen Systems, in dem eine elitäre Politikerkaste an ihren Schreibtischen in der Hauptstadt über Millionen von Menschen entschied und urteilte – ohne deren Lebensumstände zu kennen und deren Sorgen am eigenen Leibe erfahren zu haben. Gleichzeitig war die Revolte jedoch selbst *zentralistisch* in ihrer Wirkung, da die Proteste gerade aufgrund ihrer Nähe zu den Pariser Machtzentren besonders schnell und heftig auf das ganze Land durchschlagen und das politische System als Ganzes gefährden konnten. Tatsächlich erhoben die Demonstranten in Paris den Anspruch, für die Machtlosen und Entrechteten im ganzen Land zu sprechen. Und der Generalstreik war gerade deshalb so wirksam, weil er das öffentliche Leben in der Zentrale Paris paralysierte und dadurch automatisch das ganze Land zum Stillstand brachte.

Diese dynamischen Wechselwirkungen zwischen dem Zentralismus des politischen Systems und der Lokalität der Protestbewegung waren zweifelsohne ein Spezifikum des französischen ‚1968'. Die protestierenden Studierenden schienen es dabei zunächst überhaupt nicht auf eine direkte Herausforderung der politischen Machthaber anzulegen. Sie bezogen sich vielmehr auf scheinbar periphere und untergeordnete Gesellschaftsfelder und Probleme vor der eigenen Haustüre, wenn sie die anonymen Zustände an den expandierenden Universitäten beklagten, die Inhalte und den Ablauf ihres Studiums kritisierten oder für sexuelle Freiheit eintraten. Indem sie aber für diese peripheren Gesellschaftsfelder Mitbestimmung einforderten, leisteten sie – teils unbewusst, teils vorsätzlich – einer Politisierung der Gesellschaft Vorschub. Paradoxerweise war der Campus in Nanterre, von dem die Revolte ausging, selbst ein Vorzeigeprojekt bildungspolitischer Dezentralisierungsbestrebungen. Doch erst mit ihrem Übergreifen auf Paris war der Protestbewegung die nationale Aufmerksamkeit sicher. Die Nähe der Sorbonne und des *Quartier Latin* zu den symbolischen Zentren der politischen und ökonomischen Macht ließ die ursprünglich marginale Protestbewegung zur Projektionsfläche übergeordneter Konflikte werden. Und da Paris das Herz des französischen Staates war, wurde der Kampf um die dort errichteten Barrikaden von den meisten Franzosen als Kampf um die Zukunft der Nation verstanden.

Die Lokalität des Mai 1968 hatte aber noch eine weitere Dimension: Je mehr sich die Pariser Arbeiter und Bürger mit den Demonstranten solidarisierten, umso mehr konnte die Revolte auch als Aufbegehren der Stadt Paris gegen die Unterdrückung ihrer kommunalen Selbstbestimmung und Autonomie gedeutet werden. Die herausgehobene Stellung der Stadt Paris war nämlich nicht nur das Produkt, sondern gleichzeitig auch die größte Bedrohung des französischen Zentralismus. So lag die politische, ökonomische und kulturelle Dominanz der Kapitale in klarem Widerspruch zum Anspruch eines möglichst egalitär strukturierten und verwalteten Landes. Die revolutionären Umbrüche der Jahre 1789, 1830 und 1848, vor allem aber die mythenumrankte Episode der Pariser Kommune im Frühjahr 1871, hatten diesen Widerspruch und seine Gefahren für die Einheit des Landes in aller Deutlichkeit offengelegt. Um die Hauptstadt nicht zum Staat im Staate werden zu lassen, wurde sie seit der Niederschlagung der Kommune direkt von der französischen Zentralregierung verwaltet. Den Unmut der Pariser über ihre anhaltende kommunalpolitische Entmündigung griff die Protestbewegung des Mai 1968 auf, indem sie das Erbe von 1871 für sich reklamierte. Die symbolische Krönung dieser geschichtspolitischen Strategie blieb den Demonstranten allerdings versagt, da die Polizei eine für den 24. Mai geplante Besetzung des Pariser Rathauses zu verhindern wusste.

Der Blick auf Paris sollte jedoch nicht darüber hinwegtäuschen, dass der Mai 1968 auch in der ‚Provinz' zu spüren war. So gingen beispielsweise am 13. Mai in der zweitgrößten französischen Stadt Lyon etwa 35 000 Demonstranten auf die Straße. In Straßburg waren es 12 000, in Nantes um die 20 000, in Toulouse etwa 40 000 und in Marseille sogar an die 50 000. Die Solidarität mit den protestierenden Studenten im *Quartier Latin* brachte hier nicht zuletzt den Unmut über die verhasste Pariser Zentralregierung zum Ausdruck. Allerdings blieb der Mai 1968 klar auf den städtischen Raum beschränkt. Protestpotential gab es in den „langen" sechziger Jahren zwar auch in den ländlichen Teilen Frankreichs. Vor allem im Westen und im Süden des Landes hatten Bauernsyndikate und Arbeitergewerkschaften seit Ende 1967 engere Kontakte geknüpft. Außer ihrer Kritik an der Profitgier der Großunternehmer verband Bauern und Arbeiter aber letztlich wenig. Gerade das konservative bäuerliche Milieu im Osten und Norden Frankreichs stand der sozialrevolutionären Rhetorik der Studenten und Industriearbeiter ablehnend gegenüber. Insgesamt ergibt sich somit ein differenzierteres Bild. Die Studentenrevolte war lokal konzentriert und erfasste *de facto* nur einen Teil des Landes. Die mediale Vermittlung der Ereignisse und der zentralistische Aufbau des Staatswesens ließen jedoch die gesamte Nation zum Zuschauer und Betroffenen werden. Diese Projektion des lokalen Protests auf die nationale Ebene war schließlich auch die Voraussetzung für den Generalstreik, der zur Beteiligung breiterer Bevölkerungsschichten führte und die Revolte flächendeckend spürbar machte.

Der Mai 1968 als deutsch-französische Geschichte

Vergleichen wir die Entwicklung in Frankreich mit der in der Bundesrepublik, dann fallen zunächst einmal zahlreiche Gemeinsamkeiten ins Auge: In beiden Ländern wurde der Protest von einer geburtenstarken Nachkriegsgeneration getragen. Seine Protagonisten waren in relativer wirtschaftlicher Prosperität aufgewachsen. Sie waren mit Massenkonsum und Populärkultur vertraut und orientierten sich oft an US-amerikanischen Vorbildern. Die Schrecken des Krieges kannten sie nicht aus eigener Anschauung, sondern nur aus den Erzählungen ihrer Eltern und aus dem Fernsehen. In beiden Ländern war die Zahl der Studierenden angestiegen – in Frankreich allerdings deutlich schneller und stärker als in der Bundesrepublik. Sowohl in Deutschland als auch in Frankreich wurde der Protest der Studierenden gegen die verkrusteten Universitätsstrukturen zur treibenden Kraft der Revolte. Deren Wortführer bedienten sich neuer Aktionsformen wie *Sit-ins* und *Teach-ins*, um ihre Ziele in die Öffentlichkeit zu tragen. In beiden Ländern spielte außerdem die Ablehnung des Vietnamkriegs eine wichtige Rolle für die Politisierung der Studierenden. Die Kritik am amerikanischen Imperialismus war für die deutschen Studierenden jedoch wichtiger als für die Proteste in Frankreich, weil hier auch die gaullistische Regierung und die mitgliederstarke Kommunistische Partei dezidiert anti-amerikanische Positionen vertraten.

Ein wesentlicher Unterschied zeigt sich im Verhältnis zur jüngeren Vergangenheit: Für die deutschen ‚1968er' war die Zeit des Nationalsozialismus ein allgegenwärtiger negativer Bezugspunkt. Als „gefühlte Opfer"[14] grenzten sie sich dezidiert von der deutschen Nationalgeschichte ab, indem sie sich mit den Opfern des Nationalsozialismus identifizierten. In Frankreich nahm die Protestbewegung zwar ebenfalls auf die Zeit des Zweiten Weltkriegs Bezug. Sie verstand die deutsche Besatzung und das Vichy-Regime jedoch dezidiert als Antithese zur ‚eigenen' Nationalgeschichte und sah sich selbst im Einklang mit der revolutionären und republikanischen Tradition Frankreichs.

Die jüngere Vergangenheit spielte auch in den grenzüberschreitenden Bezügen zwischen den französischen und deutschen Protestbewegungen eine zentrale Rolle. Dies galt insbesondere für den wohl bekanntesten Protagonisten der Bewegung 22. März in Frankreich: Daniel Cohn-Bendit. ‚Danny le rouge' hatte kurz vor Kriegsende im französischen Montauban das Licht der Welt erblickt. Seine Eltern hatten jüdische Wurzeln und waren daher 1933 von Berlin nach Paris emigriert. Sein Vater, Rechtsanwalt und Trotzkist, blieb während der deutschen Besatzung mit falschen Papieren in Paris, wo er zum Freundeskreis von Hannah Arendt gehörte. 1952 kehrte er nach Deutschland zurück und ließ sich als Anwalt in Frankfurt am Main nieder. Seine Frau und sein Sohn Daniel blieben zunächst in Frankreich, zogen aber

---

[14] Ulrike Jureit / Christian Schneider, *Gefühlte Opfer. Illusionen der Vergangenheitsbewältigung*, Stuttgart 2010.

1958 schließlich auch nach Frankfurt. Daniel besuchte die reformpädagogische Odenwaldschule, an der er 1965 sein Abitur ablegte. Vor die Wahl zwischen der deutschen und der französischen Staatsangehörigkeit gestellt, hatte er sich 1961 für die deutsche entschieden – auch um dem französischen Wehrdienst zu entgehen. Zum Studium jedoch zog er nach Paris. Als Soziologiestudent in Nanterre wurde er im anarchistischen Milieu politisiert und entwickelte sich schließlich zu einem Vordenker der entstehenden Studentenbewegung.

Seine Deutschkenntnisse machten Cohn-Bendit zum Mittelsmann zwischen französischen und deutschen Aktivisten. Den Internationalen Vietnamkongress an der Technischen Universität Berlin im Februar 1968 besuchte er als Vertreter einer französischen Gruppe von Anarchisten. Er knüpfte Kontakte zu Rudi Dutschke und ließ sich von den Aktionskonzepten des SDS inspirieren. Auf dem Höhepunkt der Pariser Unruhen am 21. Mai ging Cohn-Bendit erneut nach Berlin, um als Star der Protestbewegung an der Freien Universität über die Ereignisse in Frankreich zu sprechen. Am folgenden Tag verweigerte ihm die französische Regierung die Wiedereinreise und verhängte ein Aufenthaltsverbot. Die Demonstranten in Paris skandierten daraufhin Parolen wie „Wir sind alle ‚unerwünscht'" (Abb.) oder „Wir sind alle deutsche Juden"[15] – und zogen damit gleichermaßen Parallelen zur nationalsozialistischen Judenverfolgung und zum französischen Antisemitismus und Fremdenhass der dreißiger und

[15] Christoph Kalter, Die Entdeckung der Dritten Welt. Dekolonisierung und neue radikale Linke in Frankreich, Frankfurt am Main 2011, 211 (= Kalter, Entdeckung).

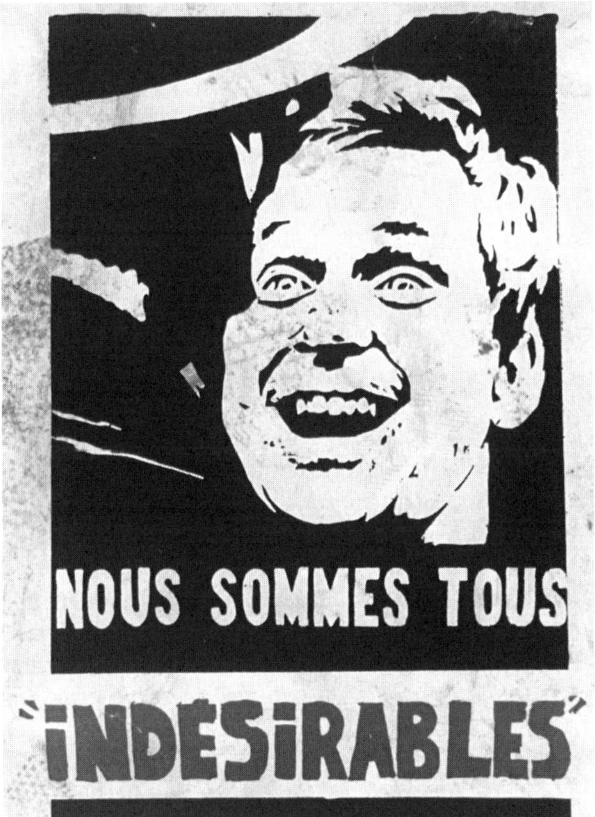

Nous sommes tous ‚indésirables'. Daniel Cohn-Bendit Auge in Auge mit einem Polizisten, Plakat des *Atelier des Beaux Arts*, Mai 1968.

vierziger Jahre. Als Cohn-Bendit am 24. Mai die Grenze bei Saarbrücken in Begleitung hunderter deutscher Unterstützer überqueren wollte, wurde dies von Einsatzkräften der deutschen Bereitschaftspolizei und der französischen *Gardes Républicaines* verhindert. Kurze Zeit später kehrte Cohn-Bendit mit gefärbten Haaren und Sonnenbrille dennoch nach Paris zurück. Während ihn seine Anhänger bejubelten, konterten die Demonstranten der gaullistischen Großkundgebung vom 30. Mai mit Slogans wie „Frankreich den Franzosen" oder „Cohn-Bendit nach Dachau".[16] Mit dem Zerfall der Protestbewegung verließ Cohn-Bendit Paris erneut und ließ sich dauerhaft in Frankfurt nieder. Zusammen mit Joschka Fischer engagierte er sich in der dortigen Hausbesetzer-Szene, um schließlich zu einer der Gründerfiguren der *Grünen* zu werden.

Auch das sagenumwobene Verschwinden Präsident de Gaulles am 29. Mai hatte eine deutsch-französische Dimension. Seinen Wegbegleitern hatte er eigentlich einen kurzen Erholungsaufenthalt in seinem Landwohnsitz in Colombey-les-Deux-Églises angekündigt. Tatsächlich flog er – unter Umgehung des deutschen Grenzradars – zusammen mit seiner Frau, seinem Sohn und dessen Familie nach Baden-Baden. Dort traf er den Oberkommandierenden der französischen Streitkräfte in Deutschland, General Jacques Massu. Als ein alter Weggefährte de Gaulles war Massu im Mai 1958 führend an jenem Putsch in Algier beteiligt gewesen, der die Rückkehr de Gaulles auf die politische Bühne und die Gründung der Fünften Republik zur Folge hatte. Bis heute wird darüber spekuliert, ob de Gaulle sich von Massu Unterstützung für ein militärisches Vorgehen gegen die Protestbewegung sichern wollte. Massu selbst berichtete später, wie er den niedergeschlagenen und zum Rücktritt entschlossenen de Gaulle in Empfang

[16] Kalter, Entdeckung, 211.

genommen, mit einem soldatischen Appell an seine Verantwortung für Frankreich erinnert und zur Rückkehr nach Paris bewegt habe. Während Massu seinen eigenen Anteil an der plötzlichen Wendung herausstellt, haben andere den Kurzaufenthalt de Gaulles in Baden-Baden als ein von langer Hand geplantes, taktisches Manöver de Gaulles gedeutet. Für Massus Version spricht allerdings, dass de Gaulle seine Rücktrittsabsichten zuvor auch gegenüber anderen Vertrauten kundgetan und offenbar schon konkrete Pläne für einen Gang ins irische Exil geschmiedet hatte.

1968 und die Produktion von Globalität

Die grenzüberschreitenden und internationalen Bezüge des Pariser Mai 1968 beschränkten sich jedoch nicht auf die deutsch-französische Ebene. Sie waren deutlich vielfältiger und hatten einen zentralen Stellenwert für die ideologische Positionierung und die Funktionsweise der Protestbewegung. Die ‚1968er' waren in diesem Zusammenhang weniger Objekte oder Getriebene eines abstrakten Internationalisierungs- und Globalisierungsprozesses. Sie betätigten sich vielmehr aktiv als Produzenten von Globalität. Sie taten dies einerseits, indem sie sich gezielt um Kontakte zu gleichgesonnenen Bewegungen in anderen Ländern und auf anderen Kontinenten bemühten. Aus der rückblickenden Sicht Cohn-Bendits war die Studentenrevolte die erste „kosmopolitische Massenbewegung" der Geschichte.[17] Und die zeitliche Verdichtung der Proteste um das Jahr 1968 in und jenseits

[17] So Cohn-Bendit in einem Interview aus dem Jahr 1992, zitiert von Gilcher-Holtey, Phantasie, 315.

der westlichen Welt zeigt, dass die Vorstellung eines grenzüberschreitenden Kampfes nicht völlig abwegig war. Die Globalität von 1968 entsprach also zumindest in gewisser Weise einer gelebten Realität. Zu Produzenten von Globalität wurden die ‚1968er' andererseits, indem sie ihren eigenen Protest mit weltpolitischen Entwicklungen in Verbindung setzten und ihm dadurch eine globale Stoßrichtung verliehen. Wenn sie gegen den Vietnamkrieg protestierten, sich mit linken Guerillabewegungen in Lateinamerika solidarisierten und für die Entrechteten und Unterdrückten in Afrika eintraten, trugen sie zu einer neuen Weltsicht bei. Sie sensibilisierten die Zeitgenossen für Probleme außerhalb ihres nationalen Horizonts und suggerierten einen globalen Zusammenhang von vormals isoliert betrachteten Ereignissen und Entwicklungen.

Diese Sicht auf die Welt war natürlich höchst selektiv. So basierte zum Beispiel der in der Protestbewegung allgegenwärtige Bezug auf die ‚Dritte Welt' nur selten auf echtem Wissen. Er war vielmehr von Stereotypen durchdrungen und machte sich an einigen paradigmatischen Beispielen fest: Für die meisten Protagonisten des Pariser Mai 1968 bestand die ‚Dritte Welt' aus Vietnam und Kuba, vielleicht noch aus Algerien und den ehemaligen französischen Kolonien im subsaharischen Afrika – ohne dass sie genauere Vorstellungen von der Lebenswirklichkeit und den tatsächlichen politischen Zuständen in diesen Ländern hatten. Die lokale Bühne der Pariser Innenstadt wurde schließlich zur Projektionsfläche dieser imaginierten Globalität. Durch ihre Bezugnahme auf globale bzw. weltgeschichtliche Zusammenhänge eröffnete die Protestbewegung einen „motivisch dichten, räumlich und zeitlich diffusen Raum zwischen ‚Dritter Welt' und Quartier Latin, zwischen Zweitem Weltkrieg, Algerien- und Vietnamkrieg".[18] So beabsichtigten die Demonstranten, den „Vietnamkrieg gewissermaßen auf den Barrikaden des Mai '68 auszutragen".[19] Das Vorgehen der Polizeikräfte gegen die protestierenden Studenten verglichen sie mit den Ereignissen vom 17. Oktober 1961, als die Pariser Polizei eine friedliche Demonstration algerischer Arbeiter für die Unabhängigkeit ihres Landes mitten in der Hauptstadt blutig niedergeschlagen hatte. Und der wiederholte Einsatz von Gasgranaten gegen die jugendlichen Demonstranten des Mai 1968 wurde mit Anspielungen auf die Gaskammern der nationalsozialistischen Konzentrationslager quittiert.

Ein entscheidender Faktor für die Produktion von Globalität war die mediale Vermittlung der Revolte und ihrer Ziele. Über das Radio wurde live von den Barrikadenkämpfen im *Quartier Latin* und den Verhandlungen der Studenten- und Gewerkschaftsführer mit den Unterhändlern von Regierung und Polizei berichtet. Die Tageszeitung *Le Monde*, die als eines der wenigen überregionalen Blätter trotz des Generalstreiks erscheinen konnte, steigerte ihre Auflage im Mai 1968 von 383 000 auf 756 000 Exemplare.[20] Die mediale Berichterstattung verknüpfte die Vorgänge in Paris und im übrigen Frankreich mit zeitgleichen Protesten, Unruhen und Konflikten an anderen Orten der Welt. Einerseits beförderte sie dadurch die Selbstwahrnehmung der Demonstranten als Teil einer weltweiten Bewegung. Andererseits verstärkte sie die Ängste derjenigen, die hinter der Revolte eine orchestrierte Kampagne subversiver

[18] Kalter, Entdeckung, 205.
[19] Kalter, Entdeckung, 209.
[20] Gilcher-Holtey, Phantasie, 43.

Kräfte von globalem Maßstab witterten. Die Ereignisse von 1968 wurden also auch und gerade deshalb als revolutionär empfunden, weil sie als ein „Weltmedienereignis"[21] inszeniert und rezipiert wurden.

Ein ambivalentes Erbe

Was blieb vom Mai 1968 in Frankreich? Der überwältigende Sieg der Gaullisten bei den Parlamentswahlen im Juni 1968 schien darauf hinzudeuten, dass die Revolte keinen nachhaltigen und dauerhaften Einfluss auf die politische Kultur Frankreichs genommen hatte. Wie trügerisch diese Annahme war, zeigte sich weniger als ein Jahr später. Am 27. April 1969 sollten die Franzosen in einem Referendum über eine Verfassungsreform abstimmen, die eine Aufwertung der Regionen zu Gebietskörperschaften und die Umwandlung des Senats in eine Art Länder- und Städtekammer vorsah. Auf diese zwei Vorhaben waren die ambitionierten gesellschaftlichen Reformpläne zusammengeschrumpft, die de Gaulle auf dem Höhepunkt der Revolte am 24. Mai 1968 zur Besänftigung und Zähmung der Protestbewegung verkündet hatte. Da de Gaulle das Referendum mit seiner politischen Zukunft verknüpfte, wurde es zu einem Plebiszit über seine Person. Bei einer Wahlbeteiligung von über 80 Prozent stimmten etwa 52,5 Prozent gegen das Reformvorhaben. Der Ansehensverlust de Gaulles, der darin zum Ausdruck kam, war nicht zuletzt eine Folge der Ereignisse vom Mai 1968.

[21] Christian Morgner, *Weltereignisse und Massenmedien. Zur Theorie des Weltmedienereignisses, Studien zu John F. Kennedy, Lady Diana und der Titanic*, Bielefeld 2009.

Noch in der Nacht trat de Gaulle nach über zehnjähriger Präsidentschaft zurück. Sein Nachfolger wurde Georges Pompidou, der sich als Ministerpräsident in der Krise des Mai 1968 klar von de Gaulle abgesetzt und dadurch als politische Alternative empfohlen hatte. Zwar verblieb die Macht damit vorerst im gaullistischen beziehungsweise gaulistischen Lager. Mit dem Abgang de Gaulles öffneten sich jedoch neue Perspektiven für einen substantiellen Wandel der politischen Kultur und eine gesellschaftliche Modernisierung des Landes.

Die Ideen und Forderungen der Revolte diffundierten in eine Vielzahl von sozialen Bewegungen, Aktionsgruppen und lokale Initiativen. Anders als in der Bundesrepublik konnten diese ‚Neuen Sozialen Bewegungen' in Frankreich aufgrund des rigiden Zentralismus, der bipolaren Parteienlandschaft und der hohen sozialen Selektivität der Elitenrekrutierung während der siebziger und achtziger Jahre nur vergleichsweise wenig Einfluss auf die politische Landschaft nehmen. Eine dauerhafte institutionelle Vertretung ihrer Anliegen, wie sie sich in Deutschland mit der Etablierung der *Grünen* als vierte Kraft im Parteiensystem abzeichnete, sollte es in Frankreich nicht geben. Stattdessen wurde das Protestpotential mittelfristig von den traditionellen Parteien links der Mitte aufgefangen. Die parteipolitische Annäherung von Sozialisten und Kommunisten und der Wahlsieg François Mitterrands von 1981 können insofern durchaus als eine Spätfolge des Mai 1968 gedeutet werden. Anders als in der Bundesrepublik schreckten die gewaltbereiten Teile der Protestbewegung in Frankreich zumindest vorerst vor einem Abgleiten in den Terrorismus zurück. Während die Gewaltakte linker Terrorgruppen den deutschen Staat in den siebziger

Jahren ernsthaft herausforderten, ging die französische *Action Directe* erst deutlich später und zögerlicher zum bewaffneten Kampf über und zerfiel bereits wieder vor Ende der achtziger Jahre.

Häufig wird ausgeblendet, dass 1968 nicht nur ein Katalysator für die ‚Neue Linke', die *Nouvelle Gauche*, sondern auch ein Schlüsselmoment für die Transformation des rechten politischen Spektrums war. Denn entgegen der landläufigen Meinung von einem generellen gesellschaftlichen Linksschwenk lassen sich siebziger Jahre in Westeuropa durchaus auch als ein „schwarzes Jahrzehnt"[22] charakterisieren. Die Entwicklung in Frankreich war in diesem Zusammenhang von zentraler Bedeutung. Denn aus dem diffusen Nebel von rechtsintellektuellen und rechtsradikalen Gruppierungen, die sich in Abgrenzung von den revoltierenden Studierenden formierten, bildete sich im Laufe der siebziger Jahre auch eine *Nouvelle Droite*, eine ‚Neue Rechte'. Diese emulierte die Ideen und Aktionsformen der *Nouvelle Gauche*, bediente sich gleichermaßen bei den Theoretikern der ‚Konservativen Revolution' wie bei Antonio Gramsci und empfahl sich bald als Kristallisationspunkt einer europäisch vernetzten rechten Alternative jenseits der etablierten, bürgerlich-konservativen Kräfte. Auch zahlreiche Mitstreiter und Sympathisanten der Protestbewegung vom Mai 1968 wandten sich im Laufe der siebziger Jahre von der *Nouvelle Gauche* ab. Einige von ihnen – die sogenannten *Nouveaux Philosophes* um André Glucksmann, Alain Finkielkraut und Bernard-Henri

[22] Massimiliano Livi/Daniel Schmidt/Michael Sturm (Hgg.), *Die 1970er Jahre als schwarzes Jahrzehnt. Politisierung und Mobilisierung zwischen christlicher Demokratie und extremer Rechter*, Frankfurt am Main 2010.

Lévy – traten fortan dezidiert als Kritiker des Marxismus und des vermeintlichen links-intellektuellen Mainstreams in Erscheinung.

Bis heute ist der Mai 1968 in Frankreich ein zentraler Bezugspunkt politischer, sozialer und kultureller Selbstverortungen und Fremdzuschreibungen geblieben. Die mit der Revolte von 1968 verbunden Vorstellungen und Stereotype sind oft widersprüchlich – was sich auch an den Diskussionen über den 50. Jahrestag im Mai 2018 ablesen ließ. Während die einen den jungen französischen Präsidenten Emmanuel Macron als Erben der Studentenrevolte feierten oder stigmatisierten, kritisierten ihn andere für seinen angeblichen Verrat an den Errungenschaften der *Nouvelle Gauche* und nahmen das Jubiläum zum Anlass, um zu Streiks und Protesten gegen sein Reformprogramm aufzurufen. Die Bewegung der *Gilets Jaunes*, der ‚Gelbwesten', die sich im Zuge des Jahres 2018 entwickelt hat und sich einer eindeutigen Zuordnung zu den bestehenden politischen Lagern bislang entzieht, befindet sich in einem ähnlichen Dilemma wie einst die ‚1968er'. In ihrem Protest gegen die sozialen Schieflagen, die Arroganz der politischen Eliten und die verkrusteten Strukturen des zentralistischen Staatsapparats können die *Gilets Jaunes* nicht umhin, das Vokabular, die Symbole und die Rituale der republikanischen Tradition aufzugreifen und sich in das revolutionäre Erbe des französischen Nationalstaats einzuschreiben. Die Vielschichtigkeit und Ambivalenz des Mai 1968 hat sich also bis heute in einer Widersprüchlichkeit von Erinnerungen und Vergegenwärtigungen erhalten.

Ausgewählte Literatur

Brücher, Wolfgang, *Zentralismus und Raum. Das Beispiel Frankreich*, Stuttgart 1992.

Brun, Éric, *Les situationnistes. Une avant-garde totale (1950–1972)*, Paris 2014.

Cohn-Bendit, Daniel / Cohn-Bendit, Gabriel, *Le gauchisme, remède à la maladie sénile du communisme*, Paris 1968.

–, *Linksradikalismus – Gewaltkur gegen die Alterskrankheit des Kommunismus*, Reinbek bei Hamburg 1968.

Dreyfus-Armand, Geneviève / Frank, Robert / Lévy, Marie-Françoise / Zancarini-Fourel, Michelle (Hgg.), *Les années 68. Le temps de la contestation*, Brüssel 2000.

Großmann, Johannes / Miard-Delacroix, Hélène (Hgg.), *Deutschland, Frankreich und die USA in den ‚langen' 1960er Jahren. Ein transatlantisches Dreiecksverhältnis*, Stuttgart 2018.

Joffrin, Laurent, *Mai 68. Une histoire du mouvement*, Paris 2008.

Jureit, Ulrike / Schneider, Christian, *Gefühlte Opfer. Illusionen der Vergangenheitsbewältigung*, Stuttgart 2010.

Gilcher-Holtey, Ingrid, *„Die Phantasie an die Macht". Mai 68 in Frankreich*, Frankfurt am Main 1995.

Kalter, Christoph, *Die Entdeckung der Dritten Welt. Dekolonisierung und neue radikale Linke in Frankreich*, Frankfurt am Main 2011.

Kraushaar, Wolfgang, *1968 als Mythos, Chiffre und Zäsur*, Hamburg 2000.

Livi, Massimiliano / Schmidt, Daniel / Sturm, Michael (Hgg.), *Die 1970er Jahre als schwarzes Jahrzehnt. Politisierung und Mobilisierung zwischen christlicher Demokratie und extremer Rechter*, Frankfurt am Main 2010.

Loth, Wilfried, *Fast eine Revolution. Der Mai 68 in Frankreich*, Frankfurt am Main 2018.

Morgner, Christian, *Weltereignisse und Massenmedien. Zur Theorie des Weltmedienereignisses, Studien zu John F. Kennedy, Lady Diana und der Titanic*, Bielefeld 2009.

Waechter, Matthias, *Der Mythos des Gaullismus. Heldenkult, Geschichtspolitik und Ideologie, 1940–1958*, Göttingen 2006.

Winock, Michel, *La fièvre hexagonale. Les grandes crises politiques 1871 à 1968*, Paris 1987.

Aufbruch und Einmarsch

1968 in der Tschechoslowakei und im Ostblock

Klaus Gestwa

Der Strom der Erhebung und Erneuerung kam 1968 nicht am Eisernen Vorhang zum Erliegen. Im Jahr des Aufbegehrens gab es auch jenseits der kapitalistischen Metropolen einen veränderungswütigen Zeitgeist, dessen Protagonisten die Defizite der gesellschaftlichen Ordnung offenlegten, um sich für Emanzipation, Partizipation und Transparenz einzusetzen. Als ein besonderer Moment der Freiheit muss der sogenannte Prager Frühling in das die Geschehnisse von 1968 prägende Puzzle von Utopie und Tumult, von Euphorie und Enttäuschung einfügt werden. Im faszinierenden Laboratorium sozialistischer Modernität schalteten die Prager Protagonisten des Wandels in den rasant beschleunigenden politischen Vorwärtsgang hoch, um den Sprung vom realexistierenden zum humanen Sozialismus zu wagen. In diesem Augenblick geballter Geschichte befand sich die tschechoslowakische Gesellschaft acht bewegende Monate lang im intensiven Gespräch mit sich selbst. Die in Prag herrschende kommunistische Partei, die KPČ, verzichtete freiwillig auf ihre autoritären Steuerungsmechanismen und erklärte das offene Diskutieren zum kategorischen Imperativ der Politik.

Während die Linken im Westen 1968 den Klassenkampf unentwegt herbeiredeten, wollten ihn die tschechoslowakischen Reformkommunisten nicht länger als treibende Kraft der gesellschaftlichen Entwicklung begreifen. Sie setzten stattdessen verstärkt auf ein Konsensmodell, um alle berechtigten sozialen Interessen in Einklang zu bringen. Der Prager Frühling zeichnete sich daher durch ein Bündnis zwischen Intellektuellen, Studenten- und Arbeiterschaft sowie durch einen generationen- und klassenübergreifenden Konsens aus, von dem die 68er im Westen oftmals nur träumen konnten.

Trotzdem mussten die Prager Architekten des gesellschaftlichen Umbaus ständig im nervösen Modus der Überforderung agieren. Bei fortwährender außenpolitischer Verhaftung im Ostblock galt es, die Selbstbefreiung der Gesellschaft gegen den erklärten Willen der argwöhnischen Parteibosse in den Nachbarstaaten voranzutreiben. Der sozialistische Bruderzwist eskalierte schließlich Ende August 1968 in einer militärischen Invasion, mit der die politische Ansteckungsgefahr eingedämmt werden sollte, die vom tschechoslowakischen Modernisierungsexperiment und seinem Demokratievirus ausging. Der kurze Rausch der Freiheit fand so ein bitteres Ende. In den durch die Geschehnisse in der Tschechoslowakei wachgerüttelten Gesellschaften des Ostblocks griffen Verdruss und Frustration um sich, nachdem dort zuvor viele Menschen dem Prager Frühling große Sympathien entgegengebracht und an ihn viele Hoffnungen geknüpft hatten.

Die historische Untersuchung der sozialemanzipatorischen Reformprozesse in Prag 1968 zeigt, dass beim Vergleich zwischen den Geschehnissen in Ost und West ungeachtet einiger Gemeinsamkeiten und des allgemeinen Hintergrundrauschens des globalen Protests die Unterschiede gravierender erscheinen. Die Rebellion gegen die nach dem Zweiten Weltkrieg geschaffene Welt, die sich 1968 für viele zu langsam drehte, geschah in der Tschechoslowakei in Eigenregie ohne größere Anleitung aus dem Westen. Zwar gab es blockübergreifende Verflechtungen; die Referenzpunkte für ihr politisches Denken und Handeln fanden die Prager Frühlingsboten aber vornehmlich in der eigenen Geschichte und Gegenwart. Falls der Blick über die Landesgrenzen hinausging, dann zumeist in den Osten nach Polen, Ungarn und Jugoslawien. Das allgemeine Verlangen nach einer befreiten Gesellschaft brach sich 1968 auf zentralen Politikfeldern Bahn, um mit einem grundlegend veränderten Verständnis von Geschichte, Zukunft und Kritik neue Kraftquellen für die Fundamentalliberalisierung des realexistierenden Sozialismus zu erschließen.

Verspätete Entstalinisierung

Der Prager Frühling begann als groß angelegtes Projekt der Vergangenheitsbewältigung. Es verfolgte das Ziel, durch die kritische Aufarbeitung der eigenen stalinistischen Verbrechen endlich einen sozialmoralischen Wertewandel herbeizuführen. Für viele in der tschechoslowakischen Partei und Gesellschaft galt die Überwindung der drückenden Hinterlassenschaft des Stalinismus als eine Schlüsselfrage für das Sein oder Nichtsein der sozialistischen Ordnung. Die schrecklichen Gespenster der Vergangenheit müssten ein für alle Mal vertrieben werden; erst der Ausbruch aus dem blutigen Labyrinth der eigenen Geschichte mache den Weg für einen wahren Erneuerungsprozess frei.

Wie in keinem anderen osteuropäischen Land galt die Sowjetunion in der Tschechoslowakei nach 1945 als Befreiungs- und Schutzmacht. Trotz dieser für Moskau günstigen politischen Verhältnisse kam es auch in der Tschechoslowakei nach 1948 zu einer mit massiven Drohungen und Repressionen durchgesetzten Sowjetisierung, die alle nichtkommunistischen und unabhängigen Kräfte dem Machtdiktat des nun totalitär werdenden Parteistaats unterwarf. Der Stalinismus hielt mit seiner Unterdrückungsmaschinerie Einzug und bediente sich bei seiner wahnhaften Demaskierung angeblicher Verräter und Volksfeinde oftmals antisemitischer Chiffren und Codes, um Hass und Feindschaft zu säen. Hunderte von Schauprozessen sorgten für eine brutale Säuberung von Staat und Partei; 200 000 Personen mussten in 422 Internierungs- und Zwangsarbeitslager schlimmste Willkür und Not ertragen.

Als im März 1953 zuerst Stalin starb und ihm kurz darauf auch der skrupellose tschechoslowakische Kommunistenchef Clement Gottwald (1896–1953) ins Jenseits folgte, ebbte die Flut der Gewalt, Denunziation und Angst in der Tschechoslowakei nur zögerlich ab. Noch 1955 wurde in Prag das weltgrößte Stalin-Denkmal eingeweiht. Als der neue Kremlchef Chruschtschow im Frühjahr 1956 auf dem 20. Parteitag der KPdSU Stalin als brutalen Menschenschlächter und skrupellosen Tyrannen entlarvte, kompromittierte das viele moskauhörige tschechoslowakische Kommunisten, weil sich diese zuvor als willfährige Handlanger in das Mörderwerk Stalins eingebracht hatten. Aber erst nachdem 1961 von Moskau aus eine zweite,

Prager Stalin-Denkmal, erbaut 1955, zerstört 1962.

stürmische Welle der Entstalinisierung den Ostblock erfasst hatte, kam auch die tschechoslowakische Parteispitze nicht mehr umhin, ihr stalinistisches Erbe zu entsorgen. Im November 1962 erfolgte in Prag die Demontage des 16 Meter hohen, bombastischen Standbilds von Stalin. Zahlreiche Opfer des Stalinismus wurden amnestiert und kehrten in die Reihen der KPČ zurück.

Die nachgeholte Aufarbeitung der stalinistischen Verbrechen warf vor allem auf zahlreiche Hardliner der alten Schule um den tschechoslowakischen Parteichef Antonín Novotný (1905–1975) ein schlechtes Licht. Deshalb nutzte der aufstrebende Reformflügel bei den internen Machtkämpfen die Vergangenheitspolitik als Katalysator des Wandels, um die desavouierten alten Parteiführer in die Defensive zu drängen. Der Umgang mit der eigenen Geschichte spaltete bald die Partei, erschütterte die Vorstellung ihrer Unfehlbarkeit und diskreditierte die Staatsmacht. Zudem verlor die Sowjetunion einen Großteil des durch den Weltkriegstriumph von 1945 erworbenen moralischen Kapitals, als die historische Aufklärungsarbeit veranschaulichte, wie sehr Moskau als Strippenzieher in die perfide orchestrierten Justizverbrechen der Zeit von 1948 bis 1954 involviert gewesen war.

Diskussionsfreiheit: Vom Stalinismus zum Pluralismus

Die kritische Rückschau auf das blutige Werden des Sozialismus in der Tschechoslowakei barg enorme Sprengkraft. Mit ihrer Forderung nach Offenheit wirkte die Geschichtsdebatte bald als Schrittmacher bei der Liberalisierung des öffentlichen Lebens. Beseelt von der Überzeugungskraft des Sozialismus, setzte der Reformflügel innerhalb der KPČ darauf, die führende Rolle der Partei neu zu begründen: nämlich nicht mehr aus der Bevormundung, sondern zunehmend aus dem freien Dialog mit der Gesellschaft heraus. So sollte die als bedrohlich empfundene Entfremdung zwischen Regime und Bevölkerung überwunden werden. Der Meinungsstreit erschien als das beste Mittel gegen die moralische Sklerose der Gesellschaft und als der Treibstoff des politischen Wandels, mit dem sich soziale Kräfte gegen das autoritär Verknöcherte mobilisieren ließen.

Der Prager Frühling brach dabei nicht über Nacht an; seine ersten lauen Lüftchen waren seit 1963 immer merklicher zu spüren. Zum wegweisenden Impuls für die weiteren Reformdebatten entwickelte sich die im Mai 1963 stattfindende, vielbeachtete Konferenz anlässlich des 80. Geburtstags von Franz Kafka (1883–1924), dem zuvor als bourgeois und dekadent diffamierten großen deutsch-jüdischen Schriftsteller, der in Prag gelebt hatte.

Organisiert wurde die Konferenz von zuvor verfolgten Literaturwissenschaftlern. Ihnen ging es darum, Kafka seinen gebührenden Platz in der europäischen sowie tschechoslowakischen Literaturgeschichte zuzuweisen. Kafkas literarische Porträts des durch die sozialen Realitäten deformierten Selbst, seine illusionslose Zerstörung aller Ideologien und vor allem seine Darstellung der menschenverachtenden Sinnlosigkeit der staatlichen Verwaltungsmaschinerie boten einen vorzüglichen Hintergrund, um die Bürokratisierung der sozialistischen Gesellschaft und die zeitgenössische Entfremdung der Menschen anzuprangern. Kafkas Werke ließen sich nutzen, um Dysfunktionalitäten des realexistierenden Sozialismus und irritierende Lebensgefühle in Worte zu fassen.

Einen Ort der kaum verhüllten Gesellschafts- und Ideologiekritik stellte zugleich der tschechoslowakische Film dar, der mit seinem aktualitätsbezogenen Stil überlieferte Konventionen sprengte und provokante Themen anpackte. Der bedeutendste Vertreter dieser „Neuen Welle" war Miloš Forman (1932–2018). Seine auf internationalen Filmfestivals wiederholt prämierten Spielfilme wie „Der schwarze Peter" (*Černý Petr,* 1963/64) und „Der Feuerwehrball" (*Hoří, má panenko,* 1967) fanden mit ihren unangepassten Filmfiguren und mit ihren bitterbösen Erzählungen große Beachtung. Weil viele Zuschauer darin politische Allegorien auf das sozialistische System erkannten, zog Forman den Unmut des orthodoxen Partei- und Kulturestablishments auf sich und setzte darum seine Karriere bald lieber in Hollywood fort. Dort gewann er mit seinen Meisterwerken „Einer flog über das Kuckucksnest" (1975) und „Amadeus" (1984) zweimal den Oscar. Ferner verfilmte Forman das weltbekannte Hippie-Musical

„Hair“ (1979), um damit dem ungestümen Zeitgeist des Jahres 1968 ein kinematografisches Denkmal zu setzen.

Der kulturelle Aufbruch in der Tschechoslowakei ging mit einer massiven Bildungsexpansion einher. Die moderne Industriegesellschaft verlangte nach immer mehr akademischen Fachkräften. Die Studentenzahl verdoppelte sich während der sechziger Jahre; dieser Zulauf überforderte das bestehende Universitätssystem. Zudem war die nach Ende des Zweiten Weltkriegs geborene neue Studentengeneration auf der Suche nach zeitgemäßen kulturellen Ausdrucksformen. Neben der Literatur und dem Film gaben sich immer mehr junge Menschen vor allem der Jazz- und Rockmusik hin, die mit ihren innovativen Klangkaskaden eine neue Gefühlskultur schufen sowie mit ihrer Vorliebe für das Unangepasste und Ekstatische einen neuen Lebensstil vermittelten.

Ergriffen von diesem Soundtrack des Wandels, stieß das Kleingeistige und Bevormundende des realen Sozialismus vielen Studierenden immer mehr auf. Ihr Unmut explodierte, als Ende Oktober 1967 mehr als 1 500 Studierende der altehrwürdigen Prager Karls-Universität wegen der miserablen Zustände in ihren Wohnheimen protestierend durch die tschechoslowakische Hauptstadt zogen. Als die Polizei diese Demonstration brutal niederknüppelte, gaben die Studierenden keineswegs klein bei. Mit den vehement vorgetragenen Forderungen nach einer wahrheitsgetreuen Presseberichterstattung und Rechtsstaatlichkeit politisierte sich ihr zunächst sozial motivierter Protest.

Diese Prager Studentenunruhen boten den Anlass dafür, dass der Machtkampf zwischen reformerischen und konservativen Kräften in der KPČ offen entbrannte.

Im Januar 1968 gewann schließlich der Reformflügel die Oberhand. Als neuer Parteichef bestimmte nun der Slowake Alexander Dubček (1921–1992) das politische Geschehen. Das Erscheinungsbild der Tschechoslowakei veränderte sich binnen weniger Wochen grundlegend. Anfang März übertrug das tschechoslowakische Radio unzensiert eine siebenstündige kontrovers geführte Politikdebatte aus dem Prager Kongress-Palast, um damit unbequeme Wahrheiten in der Bevölkerung zu verbreiten. Im ungebändigten Diskussionsfieber schien das gesamte Land damit beschäftigt, den rechten Weg in die Zukunft finden zu wollen. Die Medien verwandelten sich von Manipulationsinstrumenten der Macht in lebendige Foren der Machtkritik.

Einen Monat später gab sich die KPČ ein großangelegtes Aktionsprogramm, in dem sich die Parteiführung dazu verpflichtete, sich an die Spitze der Bewegung für die Demokratisierung des gesellschaftlichen Lebens zu stellen. Die Befugnisse der Sicherheitsorgane wurden stark eingeschränkt, wodurch der überlieferte Bevormundungssozialismus demonstrativ verabschiedet werden sollte. Damit gingen die Föderalisierung des tschechoslowakischen Staatswesens und die verfassungsmäßig abgesicherte Anerkennung der Slowaken als eine eigene Nation einher. Die Prager Zentralgewalt wurde eingeschränkt, um den Forderungen der slowakischen Genossen nach mehr nationaler Selbstbestimmung entgegenzukommen.

Bei dieser kühnen Selbstmodernisierung der Parteimacht gab die KPČ sogar aus freien Stücken ihr Macht- und Wahrheitsmonopol auf und erlaubte die Gründung neuer zivilgesellschaftlicher Organisationen. Daraufhin begannen sich die Opfer des stalinistischen Terrors jenseits der etablierten Parteistrukturen eigenständig in der Gruppe K 231 zu organisieren. Nichtkommunistische Kräfte schlossen sich zum Klub engagierter Parteiloser (KAN) zusammen, um denjenigen eine Plattform für ihre gesellschaftliche Betätigung zu schaffen, die politische Alternativen zum Sozialismus vermitteln wollten. Zudem bildete sich eine Aktionsgruppe für die Wiederherstellung der Sozialdemokratischen Partei. Der Prager Frühling erhielt durch diese zivilgesellschaftlichen Initiativen den Doppelcharakter einer Erneuerungsbewegung, die sowohl von oben (von der Parteispitze) als auch von unten als ein Projekt engagierter Bürger vorangetrieben wurde. Dies verlieh dem tschechoslowakischen Gesellschaftsexperiment eine mitreißende Dynamik.

Das zeigten eindrucksvoll die großen Mai-Demonstrationen des Jahres 1968. Nachdem die Parteiführung dieses Mal auf streng durchorganisierte Jubelaufmärsche verzichtet hatte, entwickelten sich die öffentlichen Feierlichkeiten zu einem grandiosen politischen Happening der Freude und Zuversicht. Millionen von Menschen zogen über die Straßen und Plätze der Tschechoslowakei; darunter neben treuen Parteigängern zahlreiche Hippies. Die Maifeiern wirkten wie ein überwältigendes Plebiszit für den neuen Kurs Dubčeks. Bei einer repräsentativen Umfrage sprachen damals 78 Prozent der Befragten der Parteiführung ihr Vertrauen aus; eine große Bevölkerungsmehrheit bekannte sich zum Sozialismus als der besten aller Gesellschaftsordnungen.

Dass die reformwillige Parteiführung unter Dubček trotz dieses breiten gesellschaftlichen Zuspruchs allerdings längst nicht mehr die alleinige Meinungsführerschaft besaß, stellte Ende Juni das „Manifest der 2 000 Worte" unter Beweis. Abgefasst vom Schriftsteller Ludvík Vaculík (1926–2015), erschien es in mehreren Zeitungen und Zeitschriften. Das Manifest übte generelle Kritik an den „Irrtümern des Sozialismus" sowie an der Rolle der Partei und forderte eine noch schnellere, umfassendere Reform.

Mit seiner politischen Bestandsaufnahme fand dieses Manifest ein enormes, wenngleich höchst kontroverses Echo und führte zu einer Radikalisierung sowohl der konservativen als auch der reformorientierten Kräfte. Die Parteiführung lehnte es als eine Misstrauenserklärung gegenüber ihrer Politik ab, hielt aber an ihrer Maxime fest, den politischen Ideenwettbewerb nicht durch Verbote und Maßregelungen zu unterbinden. Andere sahen darin ein taktisch unkluges Verhalten, weil die Protagonisten des Prager Frühlings angesichts des stärker werdenden Veränderungssogs zunehmend zum Lavieren zwischen auseinanderdriftenden Positionen gezwungen wurden und so der Aufschwung des sozialistischen Erneuerungsprozesses Gefahr lief, zerrissen zu werden. Der Prager Frühling schien, indem er Raum für gesellschaftliche Debatten schuf, gleichsam durch seinen eigenen Erfolg zunehmend unter Druck zu geraten.

Dubček unternahm zwar alles, um die Sprengkraft des „Manifests der 2 000 Worte" zu relativieren, konnte aber nicht verhindern, dass sich in Moskau und andernorts im Ostblock zunehmend der Eindruck aufdrängte, der tschechoslowakischen Parteiführung sei längst die Kontrolle über den Reformprozess entglitten. Besorgt ließ der Kreml verlauten, Prag stehe angesichts massiver ideologischer Umwälzungen kurz vor einer imperialistischen Konterrevolution, deren antikommunistischen Kräften es nur darum gehe, den gesamten Ostblock auseinander zu sprengen. Lediglich der 1965 neu ins Amt gekommene rumänische Parteichef Nikolae Ceauşescu (1918–1989), der schon zuvor auf Distanz zum Kreml gegangen war, weigerte sich, Dubček in den Rücken zu fallen.

Im Westen hegten zahlreiche westliche Politiker vom rechten bis zum linken Spektrum große Sympathien für den Prager Frühling, weil sie darin ein Aufbruchssignal für die Abkehr von totalitären Regimen sahen. Angesichts des hochnervösen Gefüges des Kalten Kriegs erkannten sie aber den außenpolitischen Ernst der Lage und verschrieben sich einer Politik der Zurückhaltung.

Zukunftsprojekt: Technologischen Wandel und Markt wagen

Mit dem Aufstieg des Reformflügels an die Hebel der Macht hatte der Prager Frühling als sozialistisches Modernisierungsexperiment mächtig Fahrt aufgenommen. Während der ersten Hälfte des Jahres 1968 versuchten sich Partei und Bevölkerung in der Tschechoslowakei daran, mit einem grundlegend reformierten, demokratisierten und humanisierten Sozialismus einen dritten Weg zwischen Kapitalismus und Kommunismus auszuloten. Damit wollten sie die unversöhnliche Divergenz beider Gesellschaftsordnungen überwinden und ihrer Konvergenz, also ihrer Annäherung und Angleichung, den Weg bereiten. Wie die 68er im Westen bemühten sich die Protagonisten des Prager Frühlings um einen Ausbruch aus der Logik des Kalten Kriegs. Plötzlich hielten viele den unerbittlichen Systemgegensatz für überbrückbar. Durch seine Versöhnung mit Demokratie und Freiheit sollte der Sozialismus auf einem neuen gesellschaftlichen

Fundament gebaut werden, um ihn auch den bürgerlichen Kräften im Westen nicht mehr als Schreckgespenst, sondern ebenfalls als Heilsbringer erscheinen zu lassen.

Seine enorme Faszination bezog der Prager Frühling dabei daraus, dass seine Vordenker zur Überwindung der damaligen Wirtschafts- und Ideologiekrise großartige Zukunftsprojekte schmiedeten, um der hochmodernen Industriegesellschaft, wie sie in Ost und West existierte, eine bessere Ordnung zu geben. Zum blockübergreifenden Star des wissenschaftlich begründeten Fortschrittsdenkens und zum sozialistischen Propheten der wissenschaftlich-technischen Revolution stieg damals Radovan Richta (1924–1983) auf. Das in viele Sprachen übersetzte Werk des virtuosen tschechoslowakischen Gesellschaftstheoretikers *Die Zivilisation am Scheideweg* galt als zentrale Programmschrift des Prager Frühlings. Richtas mit visionärer Wucht ausgestatteter Zukunftsreport kündigte den Anbruch einer neuen Zeit an. Die wissenschaftlich-technische Revolution werde mit der Automatisierung und Computerisierung der Arbeitswelt nicht nur die materielle Basis der Gesellschaft, sondern auch die Bedingungen des Menschseins fundamental verändern. Der Kapitalismus – so Richta – sei darauf ausgerichtet, die bisherigen Sozialstrukturen zu konservieren. Die sozialistische Gesellschaftsordnung dagegen sei mit ihren Planungskapazitäten und Eigentumsverhältnissen bei der bevorstehenden fundamentalen Kulturrevolution besser in der Lage, zum einen die notwendigen gewaltigen Investitionen in Forschung und Technik vorzunehmen, zum anderen die soziale und ökologische Nachhaltigkeit des Fortschritts zu gewährleisten. Richtas Zukunftsprognose entfaltete nicht nur auf die Reformer des Prager Frühlings große Suggestionskraft, sondern erwies sich auch als anschlussfähig an den linksliberalen Zukunftsdiskurs im Westen.[1]

Während es Richta um die Neupräsentation der sozialistischen Utopie im Gewand der Wissenschaftlichkeit ging, bemühte sich der tschechoslowakische Ökonom Ota Šik (1919–2004) darum, der Wirtschaft die volle Entfaltung ihrer Produktivkräfte zu ermöglichen. Wie Richta ging es Šik um ein intelligentes, auf Erfahrungen und wissenschaftliche Studien gestütztes Eingreifen in die Mechanismen von Wirtschaft und Gesellschaft. Seine Wirtschaftsreformen hatten handfeste ökonomische Gründe. Während der sechziger Jahre waren die Strukturprobleme der im Zuge der Sowjetisierung geschaffenen Kommandowirtschaft immer offensichtlicher geworden. Die eigentlich hochentwickelte tschechoslowakische Industrie hatte durch das Zurückbleiben hinter dem technischen Fortschritt an Konkurrenzfähigkeit verloren. Zudem gab es widersinnige Preisverzerrungen, die effizientes Wirtschaften massiv behinderten. Inspiriert durch das jugoslawische Modell des Selbstverwaltungssozialismus, ging es Šik in seinem Reformprogramm um die Befreiung der wirtschaftlichen Initiative aus den Fesseln des bürokratischen Systems. Die Dezentralisierung der Wirtschaftslenkung wies Unternehmen darum mehr betriebswirtschaftliche Eigenständigkeit zu, so bei der Festlegung von Produktion und Preisen, beim Einsatz moderner Technologie und bei der Entlohnung ihrer Beschäftigten. Unabhängige Gewerkschaften wurden genauso wie privates Kleinunternehmertum und Joint Ventures mit westlichen Firmen zugelassen.

---

[1] Vgl. Martin Schulze Wessel, *Der Prager Frühling. Aufbruch in eine neue Welt*, Ditzingen 2018, 67–90.

Šik erklärte, die sozialistische Wirtschaftslehre habe einen künstlichen und schädlichen Gegensatz zwischen Plan und Markt geschaffen. Diese Unvereinbarkeit gelte es zu überwinden, um durch eine sinnvoll gelenkte Nutzung der ökonomischen Kräfte einen sozialistischen Markt zu schaffen, ohne dabei die sozialistischen Eigentumsrechte grundlegend zu verändern. Ziel war es, das angeblich Beste beider Wirtschaftssysteme miteinander zu verbinden und so die tschechoslowakische Ökonomie an die Verhältnisse des Weltmarkts anzupassen.

Einmarsch und Widerstand

Šiks Vorschläge, mehr Markt und Eigeninitiative zu wagen, klangen in den Ohren dogmatischer Funktionäre wie ideologische Häresie. Diese Hardliner besorgte, dass sich Prag durch verstärkte Kooperationen mit Frankreich, Österreich und vor allem Westdeutschland ökonomisch umorientieren und allmählich in das westliche Lager hinüber gleiten könnte. Moskau zeigte sich auch ungehalten, weil die tschechoslowakische Führung der Stationierung weiterer sowjetischer Truppenverbände nicht zustimmte. Sowjetische Generäle mutmaßten in ihrem übertriebenen Sicherheitsdenken sogar, die Tschechoslowakei wolle sich aus dem gemeinsamen Verteidigungsbündnis des Warschauer Pakts verabschieden.

Der sowjetische Parteichef Leonid Breschnew (1906–1982) rief seinen Prager Genossen Dubček zwar immer energischer dazu auf, es mit den Reformen nicht zu übertreiben, scheute sich aber lange, dem Prager Frühling ein gewaltsames Ende zu bereiten. Als Breschnew im Verlauf des Sommers 1968 unter dem zunehmenden

Druck von Seiten Ost-Berlins, Warschaus sowie Sofijas schließlich seine Geduld verlor, marschierten am 20. August 1968 über 300 000 sowjetische, bulgarische, polnische und ungarische Soldaten in die Tschechoslowakei ein. Die zur Rechtfertigung dieser Invasion verbreitete Formel, die Selbstbestimmung der Warschauer-Pakt-Staaten ende dort, wo die kollektiven Interessen des sozialistischen Verteidigungsbündnisses bedroht seien, wurde fortan als „Breschnew-Doktrin" bezeichnet.

Um angesichts der militärischen Überlegenheit der Interventionstruppen unnötiges Blutvergießen zu verhindern, rief die Prager Führung dazu auf, nur zivilen Widerstand zu leisten. Ins kollektive Gedächtnis hat sich das ikonische Foto eingebrannt, auf dem sich der Slowake Emil Gallo, ein ehemaliger KZ-Häftling, auf dem Šafárik-Platz in Bratislava in Sträflingskleidung mit entblößter Brust vor die Mündung einer Panzerkanone stellte.[2] Für weltweit großes Aufsehen sorgte im Januar 1969 auch die Selbstverbrennung des Studenten Jan Palach (1948–1969). Mit seinem spektakulären Selbstmord auf dem zentralen Wenzelsplatz in Prag protestierte er gegen die Okkupationsmacht und löste damit eine Welle politisch motivierter Suizide aus. Seinen letzten Weg zum Friedhof säumten in Prag hunderttausende Trauernde.

Bei der im März 1969 stattfindenden Eishockey-Weltmeisterschaft besiegte die tschechoslowakische Nationalmannschaft die sowjetischen Kufencracks. Dieser als „Re-

---

[2] Das aussagekräftigste Foto der dramatischen Ereignisse schoss Ladislav Bielik. Vgl. Elena Demke, „Die Macht der Ohnmächtigen im Bild. Die Ikone des Prager Frühlings aus Bratislava", in: Gerhard Paul *(Hg.), Das Jahrhundert der Bilder. 1949 bis heute*, Göttingen 2009, 379–385.

vanche“ für die Intervention gefeierte sportliche Triumph ging in Prag mit antisowjetischen Aktionen einher. Ende August 1969 fanden anlässlich des ersten Jahrestags der Invasion schließlich die letzten großen öffentlichen Proteste statt. Auch sie wurden niedergeschlagen. Voller Resignation zogen sich die meisten Tschechoslowaken daraufhin in ihre private Lebenswelt zurück.

Verantwortlich für die nun beginnende Politik der „Normalisierung“ war in Prag der Slowake Gustav Husák (1913–1991). Unter seiner Regie kam es zu einem informellen Sozialpakt. Der Parteistaat bemühte sich, auch mittels westlicher Kredite den Lebensstandard allmählich zu verbessern, und erwartete dafür, dass sich die Bevölkerung politisch ruhig verhalte. Zugleich wurde bei den Säuberungen der Kader knapp eine halbe Million Parteimitglieder, also jeder Dritte, wegen politischer Unzuverlässigkeit ausgeschlossen. 150 000 Menschen verließen damals dauerhaft die Tschechoslowakei Richtung Westen. Ein Regime der Säuberungen und des Vergessens versuchte, den Prager Frühling ungeschehen zu machen. Einzig die Föderalisierung des tschechoslowakischen Staats und die Anerkennung der Slowaken als eigene Nation blieben unangetastet.

Reaktionen und Missverständnisse

Der Einmarsch der Truppen des Warschauer Pakts war für den Ostblock ein politisches Debakel. Die Sowjetunion erschien in der Weltöffentlichkeit als brutaler Unterdrückungsstaat. Während die Parteiführer meinten, den Prager Frühling als akute Bedrohung für den Fortbestand des Ostblocks niederschlagen zu müssen, gab es

in den osteuropäischen Gesellschaften viele Menschen innerhalb und außerhalb der Parteistrukturen, die vom tschechoslowakischen Aufbruch aus der Tristesse des realexistierenden Sozialismus fasziniert waren. Als die Panzer in Prag einrollten, kam es darum vor allem in der DDR und in Polen zu zahlreichen Unmutsäußerungen und vereinzelten Protestaktionen. Sie alle wurden rigoros verfolgt und unterdrückt. In Polen schürte die Parteiführung sogar skrupellos antisemitische Stimmungen, um ihre als „Staatsfeinde" diffamierten Kritiker zum Verstummen zu bringen. Das führte dazu, dass 20 000 polnische Juden frustriert ihrer Heimat den Rücken kehrten.
Die Kommunistischen Parteien in Italien und Frankreich sprachen Moskau nach dem Einmarsch in die Tschechoslowakei endgültig die Führungsrolle im Lager des Sozialismus ab und propagierten fortan einen eigenständigen Eurokommunismus. Der linke deutsche Philosoph Ernst Bloch (1885–1977) verurteilte die Niederschlagung des Prager Frühlings in scharfer Weise als „saudumm, unverschämt, brutal"[3]. Vielerorts organisierten westdeutsche Studentengruppen unter dem Slogan „Imperialismus und Stalinismus – Feinde des Sozialismus" Protestaktionen gegen die Sowjetunion. Das geschah aber meist weniger aus tiefempfundener Sympathie und uneingeschränkter Solidarität für den Prager Frühling, sondern vor allem aus einer allgemeinen Abneigung gegen jedwede militärische Intervention.

Tatsächlich fanden die westlichen Linken keinen verständnisvollen Zugang zum Prager Frühling. Zu einem

[3] Zitiert nach Markus Herbert Schmid, *Der Prager Frühling und die 68er*, Eichstätt 2008, 17–27, hier 26 f.

konstruktiven Dialog zwischen den rebellischen Studentengruppen über den Eisernen Vorhang hinweg kam es nur selten. Die großen Missverständnisse verdeutlichte Rudi Dutschkes Rede an der Prager Karls-Universität Anfang April 1968. Die tschechoslowakischen Zuhörer waren enttäuscht von dem hochideologisierten Quark, den Dutschke von sich gab. Er erinnerte sie an den marxistisch verbrämten „Gänsemarsch der Phrasen", der solange den politischen Diskurs im Ostblock bestimmt hatte. Während Dutschke immer wieder den Aufbruch in ein imaginiertes sozialistisches Morgenland beschwor, versuchten ihm die Prager Studierenden verzweifelt zu erklären, wie wichtig ihnen die Besinnung auf die spezifischen demokratischen Traditionen der Tschechoslowakei und ihr nationales Selbstwertgefühl seien. Liberalismus und Parlamentarismus wollten viele westliche 68er hinter sich lassen und verunglimpften die bestehende Formaldemokratie als eine besonders perfide Form der Verschleierung kapitalistischer Herrschaftsverhältnisse. So konnten sie kaum Verständnis für den in Prag ausgefochtenen Kampf für die Gewährung bürgerlicher Freiheits- und Mitbestimmungsrechte aufbringen. Einige verstiegen sich sogar zur Aussage, die tschechoslowakischen Reformen könnten zur „Freiheit der Konterrevolution" führen. Es fehlte auch jegliches Verständnis für die von Šik vorgeschlagene Einführung privat- und marktwirtschaftlicher Elemente, weil sich Dutschke und seine Genossen voll und ganz dem Glauben an die Glückseligkeit vergesellschafteter Produktionsmittel hingaben.[4]

---

[4] Zu den Reaktionen der westdeutschen 68er auf den Prager Frühling vgl. Stefan Benda, „Rudi Dutschke in Prag 1968", http://

Benebelt von ihrer weltrevolutionären Fantastik polemisierten die westlichen Linken daher ständig gegen die angeblichen bürgerlichen Erscheinungsformen des Prager Frühlings. Ernüchtert schrieb ein tschechischer Student über seine Erfahrung in Westberlin, die dortigen Sozialismus-Apologeten verstünden nichts, wüssten aber alles besser. Auch wenn sich die 68er sowohl in Ost als auch in West gern dem aufrührerischen Habitus des Protests hingaben, so hatte der Eiserne Vorhang doch dazu geführt, dass ihre politischen Vorstellungswelten definitiv nicht vom selben Stern stammten. Zutreffend brachte das der Regisseur Miloš Forman auf den Punkt, der bei seinem Besuch 1968 in Paris entgeistert feststellte: „Während die Leute in Paris rote Fahnen hissen, haben wir in Prag versucht, sie herunterzureißen. Die wussten überhaupt nicht, wofür die rote Fahne stand.“[5]

Erinnerungen und Deutungen in Tschechien und in der Slowakei

Die historische Bedeutung des Prager Frühlings wird heute unterschiedlich eingeschätzt. Oftmals wird betont, als heroischer Akt des Aufbegehrens und der Selbstbestimmung habe der Prager Frühling mit seinen kühnen Gesellschaftsentwürfen im Ostblock das Enzym der

---

www.bpb.de/geschichte/zeitgeschichte/prag-1968/274320/rudi-dutschke-in-prag-1968?p=all (22.12.2018). Gerd Koenen, „Von 1968 nach 1989 und zurück. Osteuropa und die westdeutsche Neue Linke“, *Osteuropa* 58 (2008), Heft 7, 5–16.

[5] Zitiert nach Interview mit Wolfgang Kraushaar über den Prager Frühling, in: *TAZ*, 25.07.2008, http://www.taz.de/!5178440 (22.12.2018).

Freiheit aktiviert und der Dissidentenbewegung erheblichen Aufschwung gegeben. In der Tschechoslowakei fand besonders die informelle Bürgerrechtsbewegung der Charta 77 als Hort des antitotalitären Denkens internationale Beachtung, nicht zuletzt wegen des Charismas des unbeugsamen Literaten Václav Havel.

Auf den Kopf gestellt, wird aus der Jahreszahl 68 sinnigerweise eine 89. Diese nummerische Besonderheit bietet sich an, um den Prager Frühling als missglückte Generalprobe und deshalb als Brandbeschleuniger für das „Ende der Geschichte“ zu sehen, das vermeintlich 1989 eingetreten sei. Gegen diese Kontinuitätsthese spricht allerdings, dass die Helden des Prager Frühlings zwar 1989 ihr gesellschaftliches Comeback als Idole der Geschichte erlebten, der Strom der Zeit aber längst über ihre hehren Ideen hinweggegangen war. Nach 1989 versprühte der Sozialismus – auch mit einem menschlichen Antlitz – längst keine Zukunftssehnsucht und Hoffnungskraft mehr; er war zur Chiffre des Gestrigen und eines ungeliebten Unterdrückungssystems geworden. Dessen Überwindung versprach in den Augen vieler Osteuropäer den Weg freizumachen, um in die europäische Wertegemeinschaft und in die Weltwirtschaft zurückzukehren. Alle Phänomene und Prozesse, die auch nur ansatzweise etwas mit dem Sozialismus zu tun hatten, erfuhren Abwertung und Diffamierung. Angesichts dieses antikommunistischen Zeitgeists verkam der Prager Frühling zur bloßen Episode in der Geschichte des staatssozialistischen Gesellschaftsexperiments. Das provokative Diktum, dass „alle dritten Wege in die dritte Welt führen“, machte in Tschechien die Runde und verwies darauf, dass jegliche Idee der Kombination von Plan und Markt sowie von Demokratie und Sozialismus illusorisch erschien. Es waren nun die neoliberalen Götzen des entfesselten kapitalistischen Marktgeschehens, die zunächst baldige Erlösung von allen Übeln der Geschichte versprachen und anschließend hochfliegende Träume vielfach schmerzhaft im sozialen Elend der Systemtransformation zerplatzen ließen. Der tschechische Philosoph Karel Kosík sprach deshalb davon, dass die Machthaber den Prager Frühling zweimal beerdigt hätten: einmal nach 1968 und einmal nach 1989.[6]

Zum 50. Jahrestag des Prager Frühlings verunglimpfte der tschechische Präsident Miloš Zeman – entgegen den historischen Tatsachen – Dubček als jemanden, der gegenüber Moskau „die Hose voll gehabt" hätte. Später weigerte sich Zeman, der Tragödie des ambitionierten sozialistischen Erneuerungsexperiments trotz der zahlreichen Toten und Geflüchteten öffentlich zu gedenken. Dabei spielte wohl auch eine Rolle, dass Zeman seine gute Beziehung zu Putin nicht durch die Erinnerung an ein trauriges Kapitel tschechoslowakisch-sowjetischer Geschichte belasten wollte.

Zemans demonstratives Desinteresse an 1968 spaltete die tschechische Gesellschaft. Am Abend des 21. August 2018 versammelten sich darum 100 000 Menschen auf dem Wenzelsplatz in Prag, um mit Zeitzeugengesprächen, historischen Filmaufnahmen und von namhaften Showstars vorgetragenen populären Songs an die Aufbruchsstimmung im Land vor 50 Jahren zu erinnern. Auch

[6] Vgl. Dieter Segert, *Prager Frühling. Gespräche über eine europäische Erfahrung*, Bonn 2008, 194–201. Jan Pauer, „Der Streit um das Erbe des Prager Frühling", in: Stefan Karner/Günter Bischof/Manfred Wilke/Peter Ruggenthaler (Hgg.), *Prager Frühling. Das internationale Krisenjahr 1968*. Bd. 1, Wien/Köln 2008, 1203–1217 (= Karner/Bischof/Wilke/Ruggenthaler, Frühling Bd. 1).

Fernsehen und Presse griffen das Thema wiederholt auf, um die Erinnerung an dieses Schlüsselereignis tschechoslowakischer Geschichte wachzuhalten.

Dabei fällt auf, dass des Geschehens von 1968 oft weniger unter den Vorzeichen eines reformierten Sozialismus, sondern vor allem als Versuch einer nationalen Emanzipation gedacht wird. So werden die slowakischen Protagonisten von 1968 – sowohl der Reformer Dubček als auch sein späterer Widersacher Husák – in der heutigen Slowakei als Realpolitiker gewürdigt, die auf je eigene Weise die historische Chance von 1968 ergriffen hätten, um mit der Föderalisierung der Tschechoslowakei die verfassungsmäßige Gleichstellung der slowakischen Nation im gemeinsamen Staat der Tschechen und Slowaken durchzusetzen. Damit hätten sie die Grundlage für die slowakische Eigenstaatlichkeit gelegt. Erreicht wurde sie schließlich 1992, als die Mehrheit der Slowaken in einem ordentlichen Referendum dafür stimmte, sich von Prag zu lösen. Diese nationalgeschichtliche Deutung führt dazu, dass es heute in der Slowakei von Seiten der offiziellen Politik eine weit positivere Einstellung zum Erbe des Reformprozesses von 1968 gibt als in Tschechien.[7]

Fernwirkungen in spät- und postsowjetischer Zeit: Russland und die Ukraine

Fernwirkungen hatte der Prager Frühling gegen Ende der achtziger Jahre vor allem auch in der Sowjetunion. Bei

[7] Zu den tschechischen und slowakischen Reaktionen auf den 50. Jahrestag vgl. Jan Pauer, 50 Jahre nach 1968, http://www.bpb.de/geschichte/zeitgeschichte/prag-1968/274330/50-jahre-nach-prag-68?p=all (22.12.2018).

seinem Bemühen, Demokratie und Sozialismus zu versöhnen, verstand sich der 1985 ins Amt gekommenen dynamische Generalsekretär Michail Gorbatschow wie Dubček als demokratischer Sozialist und nicht, wie oftmals fälschlich angenommen, als westlicher Demokrat. Eine seit gemeinsamen Moskauer Studienzeiten bestehende Freundschaft verband den letzten sowjetischen Parteichef mit Zdeněk Mlynář, einem der Vordenker und Hauptakteure des Prager Frühlings. Auch Gorbatschow träumte davon, dem Sozialismus endlich Menschlichkeit einzuhauchen, und bemühte sich, die ruinöse Planwirtschaft durch privat- und marktwirtschaftliche Elemente wieder auf Wachstumskurs zu bringen. Er wollte dem „Sozialismus der Bajonette" ein Ende setzen und fürchtete keineswegs den Meinungsstreit. Vielmehr verstand der letzte Träumer im Kreml die Freiheit zu Kritik und Diskussion als wichtige Voraussetzung dafür, dem Denken neue Horizonte zu eröffnen und die Gesellschaft für politische Reformvorhaben zu mobilisieren.[8]

Zwar fallen semantisch und programmatisch mancherlei Analogien zwischen dem Prager Frühling und der Perestrojka auf. Während seiner Amtszeit rang sich Gorbatschow aber nicht dazu durch, sich offiziell von der sowjetischen Invasion zu distanzieren. Erst im März 2006 räumte der russische Präsident Putin bei einem Treffen mit dem damaligen tschechischen Präsidenten Václav Klaus Moskaus „moralische Verantwortung" für den Einmarsch von 1968 ein. Zuvor hatten tschechische, slowakische und

[8] Vgl. Mikhail Gorbachev / Zdeněk Mlynář, *Conversations with Gorbachev on Perestroika, the Prague Spring, and the Crossroads of Socialism*, New York 2002.

russische Historiker 50 000 Akten aus zahlreichen Partei- und Staatsarchiven zusammengetragen. Deren Analyse legte die Hintergründe der Geschehnisse von 1968 offen und beförderte damit ganz entscheidend die historische Aufarbeitung.[9]

In letzter Zeit deutet sich jedoch in Russland wieder ein erinnerungskultureller Rückwärtssalto an. Vor dem Hintergrund des ukrainischen Euro-Majdans und der russischen Annexion der Krim strahlte das russische Staatsfernsehen im Juni 2015 eine aufwendige Filmdokumentation aus, in welcher der Prager Frühling als Putschversuch sowie als Ergebnis der massiven Einmischung der NATO dargestellt wird. Die militärische Okkupation der Tschechoslowakei durch die Ostblock-Truppen gilt seitdem lautstarken Teilen der russischen Presse und Öffentlichkeit wieder als Beitrag zur Aufrechterhaltung des internationalen Friedens und des politischen Gleichgewichts in Europa. Alte Lügen erfuhren damit als *fake history* und Verschwörungstheorie ihr geschichtspolitisches Comeback. Moskau zog Kontinuitätslinien zwischen dem Prager Frühling und dem ukrainischen Euro-Majdan und beschwor das Feindbild vom bösen Westen.[10]

---

[9] Vgl. Stefan Karner/Günter Bischof/Manfred Wilke/Peter Ruggenthaler, „Der Prager Frühling und seine Niederwerfung. Der internationale Kontext", in: Stefan Karner/Günter Bischof/Manfred Wilke/Peter Ruggenthaler (Hgg.), *Prager Frühling. Das internationale Krisenjahr 1968*. Bd. 1, Wien/Köln 2008, 17–80, hier 67.

[10] Vgl. Alexandra Mostyn, „Geschichtsklitterung à la Putin", *TAZ*, 16.06.2015, http://www.taz.de/!5204116/ (22.12.2018). Florian Hassel, „Der Prager Frühling spaltet Tschechien", *Süddeutsche*, 20.08. 2018, https://www.sueddeutsche.de/politik/jahre-nach-invasion-der-prager-fruehling-spaltet-tschechien-1.4096915 (22.12.2018).

In der Ukraine hingegen ist viel über die unrühmliche Rolle des damaligen ukrainischen Parteichefs Petro Schelest (1908–1996) geschrieben worden. Zusammen mit den Moskauer Militärs drängte er Breschnew vehement zu einer gewaltsamen Niederschlagung des tschechoslowakischen Reformexperiments. Schelest befürchtete 1968, aus den direkt angrenzenden slowakischen Landesteilen könne der Funke der Rebellion auf die unruhige Westukraine überspringen.

Neben dieser Form der ukrainischen Geschichtsaufarbeitung eignet sich der Prager Frühling für die Kiewer Politik und Öffentlichkeit vorzüglich als historischer Beleg dafür, dass es Russland einfach nicht zulasse, dass seine Nachbarstaaten den Weg der nationalen Selbstbestimmung gehen. So gesehen erscheint die Ukraine als letztes Opfer der fortwährenden aggressiven Moskauer Interventions- und Expansionsmacht.

Ganz in diesem ukrainischen Duktus sprechen einige Politiker, Wissenschaftler und Journalisten mittlerweile sogar von einer „Putin-Doktrin" als konsequente Fortsetzung der Breschnew-Doktrin von 1968.[11] Das zeigt, dass längst abgelegte Narrative aus dem Kalten Krieg neuerdings wieder Verwendung finden, um sich angesichts hochkomplexer, schwer durchschaubarer Wirklichkeiten einen möglichst einfachen Reim auf Politik und Geschichte zu machen.

---

[11] Vgl. z. B. Winfried Schneider-Deters, „Die „Putin-Doktrin" – das Ende der europäischen Sicherheit", *Ukraine-Nachrichten. Die Ukraine im Spiegel ihrer Presse*, 15.04.2014, https://ukraine-nachrichten.de/putin-doktrin-ende-europ%C3%A4ischer-sicherheit_3982 (22.12.2018). Eberhard Schneider, Die neue Putin-Doktrin, *ISPSW Strategy Series: Focus on Defense and International Security* 281 (2014), 1–5.

Ausgewählte Literatur

Arend, Jan, „Wider das ‚halbierte Bewusstsein'? Neuere Beiträge zu einer blockübergreifenden Perspektive auf das Jahr 1968", *Bohemia* 49 (2009), 445–453.

Bolton, Jonathan, *Worlds of Dissent. Charter 77, the Plastic People of the Universe, and Czech Culture under Communism*, Cambridge, Mass. 2012.

Boyer, Christoph (Hg.), *Sozialistische Wirtschaftsreform. Tschechoslowakei und DDR im Vergleich*, Frankfurt am Main 2006.

Bundeszentrale für Politische Bildung (Hg.), *Prag 1968 – Dossier*, https://www.bpb.de/geschichte/zeitgeschichte/prag-1968/ (22.12.2018).

Gerber, Jan, *Ein Prozess in Prag. Das Volk gegen Rudolf Slánský und Genossen*, Göttingen 2016.

Hofmann, Birgit, *Der „Prager Frühling" und der Westen. Frankreich und die Bundesrepublik in der internationalen Krise um die Tschechoslowakei 1968*, Göttingen 2015.

Järvinen, Jouni, *Normalization and Charter 77. Violence, Commitment and Resistance in Czechoslovakia*, Helsinki 2010.

Karner, Stefan / Bischof, Günter / Wilke, Manfred / Ruggenthaler, Peter (Hgg.), *Prager Frühling. Das internationale Krisenjahr 1968*, Bd. 1: Beiträge, Köln / Weimar / Wien 2008.

– / Kazarina, Irina Vjaceslavovna (Hgg.), *Prager Frühling. Das internationale Krisenjahr 1968, Bd. 2: Dokumente*, Köln / Weimar / Wien 2008.

Kleßmann, Christoph, „1968 in Ost und West. Historisierung einer umstrittenen Zäsur", *Osteuropa* 58 (2008), Heft 7, 17–30.

Lachmann, Hannes, *Die „Ungarische Revolution" und der „Prager Frühling". Eine Verflechtungsgeschichte zweier Reformbewegungen zwischen 1956 und 1968*, Essen 2018.

Limberger, Daniel, *Polen und der Prager Frühling 1968. Reaktionen in Gesellschaft, Partei und Kirche*, Frankfurt am Main 2012.

Pauer, Jan, *Prag 1968. Der Einmarsch des Warschauer Paktes*, Bremen 1995.

Petersen, Christer / Steinborn, Anke / Kandioler, Nicole (Hgg.), *Klassiker des tschechischen und slowakischen Films*, Marburg 2018.

Rauscher, Andreas / Rauscher, Josef / Engelmann, Jonas (Hgg.), *Tschechoslowakische Neue Welle. Das Filmwunder der Sechziger*, Mainz 2018.

Sapper, Manfred / Weichsel, Volker (Hgg.), *Das Enzym der Freiheit. 1968 und das halbierte Bewusstsein*, Berlin 2008 [= Themenheft *Osteuropa* 58 (2008), Heft 7].

Schmid, Markus Herbert, *Der Prager Frühling und die 68er*, Eichstätt 2008.

Schulze Wessel, Martin, *Der Prager Frühling. Aufbruch in eine neue Welt*, Ditzingen 2018.

Segert, Dieter, *Prager Frühling. Gespräche über eine europäische Erfahrung*, Bonn 2008.

Spiritova, Marketa, *Hexenjagd in der Tschechoslowakei: Intellektuelle zwischen Prager Frühling und dem Ende des Kommunismus*, Köln u. a. 2010.

Stach, Sabine, *Vermächtnispolitik. Jan Palach und Oskar Brüsewitz als politische Märtyrer*, Göttingen 2016.

Veser, Reinhard, *Der Prager Frühling 1968*, Erfurt 2008.

Wolle, Stefan, *Der Traum von der Revolte. Die DDR 1968*, Bonn 2008.

Žantovský, Michael, *Václav Havel – in der Wahrheit leben*, Berlin 2014.

Studentenproteste, Olympische Spiele und das Massaker von Tlatelolco

1968 in Mexiko

Bernd-Stefan Grewe

Am Mittwoch, dem 2. Oktober 1968 versammelten sich ab 17 Uhr mehr als 5 000 Demonstranten auf der Plaza de las Tres Culturas (Platz der drei Kulturen) in Tlatelolco, einem Stadtteil von Mexiko City, ungefähr zwei Kilometer vom historischen Stadtzentrum entfernt, in dem sich der zentrale Platz Zócalo (offiziell: Plaza de la Constitución) und der Präsidentenpalast befinden. Das nationale Streikkomitee, der Consejo Nacional de Huelga (CNH), hatte zu dieser Demonstration eingeladen, nachdem es im September zu gewaltsamen Zusammenstößen zwischen Sicherheitskräften und Demonstrierenden gekommen war. Die Versammlung verlief friedlich. Zwar kreisten ein Armee- und ein Polizeihubschrauber über dem Platz und auch der Aufmarsch von bewaffneten Sicherheitskräften war im Spätsommer und Herbst 1968 ein gewohntes Bild in Mexiko. Doch um 18:15 Uhr rückte das Militär von allen Seiten auf den Platz vor. Plötzlich wurde von den umliegenden Hochhäusern und dem Dach der Kollegkirche Santiago das Feuer auf die Demonstrierenden und die zufällig dabei stehenden Anwohner und Passanten eröffnet. Die genauen Opferzahlen sind bis heute ungeklärt, die Angaben schwanken zwischen 27 Toten nach zeitgenössischen Regierungsverlautbarungen und bis zu 3 000 Getöteten. Am häufigsten wird die Zahl von ungefähr 300 Erschossenen genannt, für die es aber genauso wenig hinreichende Belege gibt wie für die höheren Schätzungen.

Genau zehn Tage später eröffneten der mexikanische Staatspräsident Gustavo Díaz Ordaz und Avery Brundage, der Präsident des Internationalen Olympischen Komitees, ebenfalls in Mexiko City die 19. Olympischen Sommerspiele. Es sollten farbenfrohe und friedliche Bilder von den Spielen entstehen. Gerade aus Deutschland schaute man erwartungsvoll nach Mexiko, schließlich sollten die nächsten Sommerspiele 1972 in München stattfinden.

Auch der *Spiegel* widmete seine Titelgeschichte vom 7. Oktober 1968 der Olympiade, doch setzte die Hamburger Redaktion ganz andere Akzente: „Mexiko. Olympia der reichen Nationen". Über die Ereignisse fünf Tage zuvor wurde zwar im Auslandsteil unter der Überschrift „Tod auf der Plaza" ein einseitiger Bericht veröffentlicht, doch sorgte man sich in der Titelgeschichte eher um einen ungleichen Wettbewerb zwischen den reichen Nationen des Nordens, die sich die optimale wissenschaftliche und medizinische Unterstützung für ihre Athleten leisten konnten, und den Entwicklungsländern, die nicht über die entsprechenden Ressourcen verfügten. Nach dem, was man heute allein über die Geschichte des staatlichen Dopings in der DDR und der Bundesrepublik weiß, lag der *Spiegel* hier sicherlich nicht ganz falsch. Aus einer europäischen Wahrnehmung schienen die Ereignisse auf der Plaza de las Tres Culturas aber offenbar weniger zentral.

Diese drei Schlaglichter auf Mexiko im Oktober 1968 werfen eine ganze Reihe von Fragen auf, denen der vorliegende Beitrag nachgehen möchte. Erstens: Welche Umstände und Entscheidungen führten zu diesem Schusswaffeneinsatz gegen offenbar friedliche Demonstranten? Wie ist die brutale Niederschlagung zu erklären? Zweitens: Inwiefern bestand ein kausaler Zusammenhang mit der anstehenden Olympiade? Wurde möglicherweise von der olympischen Organisation auch Druck auf die Mexikaner ausgeübt, die angespannte Lage endlich zu beruhigen? Wie hängen, drittens, die mexikanischen Studentenproteste mit den Protesten in den USA, in Frankreich und dem übrigen Westeuropa zusammen? Welche Verbindungen bestehen zwischen den Ereignissen? Viertens: Welche lokalen, nationalen und globalen Dimensionen hat dieses Ereignis, das heute als Massaker von Tlatelolco in die mexikanische Geschichte eingegangen ist? Weshalb ist uns dieses Ereignis weniger bewusst als etliche andere Bilder – etwa von den Olympischen Spielen? Und schließlich fünftens: Wie reagierten die internationale Presse und die protestierenden Studenten in andere Ländern auf die mexikanischen Ereignisse?

Blinde Flecken der Erinnerung?

Wenn wir uns heute an das Jahr 1968 in Bezug auf Mexiko erinnern, dann gerät den Sportinteressierten vor allem der Weitsprungweltrekord Bob Beamons von 8,90 Meter und der neue Hochsprungstil von Dick Fosbury ins Gedächtnis, der erstmals mit dem Kopf voran auf dem Rücken die Stange überquerte. Das am häufigsten reproduzierte Foto der Sommerolympiade war jedoch der spektakuläre Protest der beiden amerikanischen Sprinter Tommie Smith und John Carlos, die während der amerikanischen

Der Gruß der Black Power-Bewegung bei der Siegerehrung des 200-Meter-Laufs bei der Olympiade in Mexiko 1968.

Nationalhymne den Kopf senkten und eine mit schwarzem Handschuh bekleidete Faust in den Himmel reckten. Diese Pose ist zu einer Ikone des afroamerikanischen Kampfes um Bürgerrechte geworden. Bis heute dominiert es die Bilddiskurse zu den Ereignissen 1968 in Mexiko.

Die Geschichte dieser Szene lohnt eine nähere Betrachtung, weil so die globale Dimension des politischen Protests von 1968 bereits deutlich wird. Im Vorfeld der Spiele hatten sich vor allem afroamerikanische und afrikanische Athleten einer Bewegung angeschlossen, die sich dezidiert für Menschenrechte einsetzte: dem Olympic Project for Human Rights. Zwar war das Olympische Komitee immer darum bemüht, die Spiele als ein unpolitisches und rein sportliches Fest darzustellen, doch schon im Vorfeld hatte es massiven Streit darüber gegeben, ob der südafrikanische Apartheidsstaat und Rhodesien wieder an den Spielen teilnehmen dürften, nachdem sie von den vorigen Spielen in Tokyo ausgeschlossen gewesen waren. Avery Brundage hatte beide Länder zur Teilnahme eingeladen. Als aber afroamerikanische Athleten und die große Mehrheit der afrikanischen Staaten drohten, die Spiele deshalb zu boykottieren, gaben das IOC und ihr Präsident Brundage nach. Zu den weiteren Forderungen des Olympic Project for Human Rights gehörte aber auch die Forderung nach der Rückgabe von Muhammed Alis Weltmeistertitel im Boxen, den dieser nach seiner Kriegsdienstverweigerung verloren hatte, und die Forderung nach dem Rücktritt des IOC-Präsidenten Brundage. Ein durch afroamerikanische Athleten provozierter Eklat bei der Überreichung der Medaillen wurde auch vom IOC Präsidium antizipiert.

Bereits einige Tage vor dem 200-Meter-Finale hatte der Sprinter Tommie Smith angekündigt, er würde Brundage nicht die Hand geben. Um einen sichtbaren Eklat zu vermeiden, übernahm der Vizepräsident, der Marquess of Exeter (selbst einstiger Goldmedalliengewinner auf der 400-Meter-Strecke) die Siegerehrung – auf dem Foto zu sehen unmittelbar am Fuße des Siegerpodestes.

Der afroamerikanische Kampf um Bürgerrechte ist auf mehrfache Weise in diesem Bild verewigt: Zum einen reckten Smith und Carlos als Zeichen der Black Panther Bewegung die schwarzen Fäuste in den Himmel. Beide traten zur Siegerehrung auf schwarzen Socken an, um so auf die Armut und wirtschaftliche Benachteiligung der ‚schwarzen' Bevölkerung zu verweisen. Übrigens starteten die amerikanischen Leichtathleten je nach Hautfarbe mit unterschiedlichen Socken: die überwiegend ‚weißen' Vertreter der Wurf- und Stoßdisziplinen und die Mehrkämpfer in weißen Socken, die Afroamerikaner in schwarzen, dies war ebenfalls ein Zeichen des Protestes. Auch die offene Trainingsjacke von John Carlos war keine lässige Attitüde, sondern sollte seine Solidarität mit der Arbeiterklasse zeigen, den blue collar workers. Außerdem trug er um den Hals eine Perlenkette, als Erinnerung „for those individuals that were lynched, or killed and that no-one said a prayer for, that were hung and tarred. It was for those thrown off the side of the boats in the Middle Passage".[1]

Tommie Smith, der mit seinem Olympiasieg über 200 Meter in 19,83 Sekunden zugleich einen neuen Weltrekord aufgestellt hatte, und John Carlos wurden nach der Hymne vom Publikum ausgebuht. Sehr wohl verstanden wurde ihre Geste hingegen von der schwarzen Bevölkerung in den USA. Seine Motivation und politsche Überzeugung brachte Smith noch am gleichen Abend auf den Punkt:

> If I win, I am American, not a black American. But if I did something bad, then they would say I am a Negro. We are black and we are proud of being black. Black America will understand what we did tonight.[2]

---

[1] So äußerte sich Carlos in einem späteren Interview. David Zirin, The Living Legacy of Mexico City. An Interview with John Carlos", in: CounterPunch (1./2. November 2003), via https://www.counterpunch.org/zirin11012003.html (Abruf 11. Februar 2019 über https://web.archive.org/web/20040202193632/https://www.counterpunch.org/zirin11012003.html).

[2] „Black athletes make silent protest", in: BBC (17. Oktober 1968), via http://news.bbc.co.uk/onthisday/hi/dates/stories/october/17/newsid_3535000/3535348.stm (9.2.2019).

Avery Brundage, selbst Amerikaner und früherer Präsident des Nationalen Olympischen Komitees der USA, verlangte nun die Suspendierung der beiden Läufer vom amerikanischen Team. Das Team weigerte sich zunächst, musste sich dann aber dem Druck des IOC beugen und Smith und Carlos nach Hause schicken. Trotz ihrer Siege und des Weltrekords durften sie die USA nie wieder bei internationalen Wettkämpfen vertreten. Ihre Suspendierung sorgte allerdings innerhalb der amerikanischen Mannschaft für erhebliche Kontroversen.

Es wurde lange übersehen, dass sich auch der dritte Athlet auf dem Podium, der Zweitplazierte Peter Norman aus Australien, mit dem Protest solidarisiert hatte und ebenfalls während der Ehrung den Protestbutton des Olympic Project for Human Rights trug. In der amerikanischen Erinnerungskultur ist Norman weniger präsent und anfangs wurde seine Solidarität mit der Civil Rights Bewegung übersehen. So fehlte er auf dem Denkmal im kalifornischen San Jose, das den berühmten Black Power Salute verewigen soll. Spätere Denkmäler, wie beispielsweise in der Gruppe des Museum of African American History and Culture, zeigten ihn an der Seite von Smith und Carlos. Die drei Athleten auf dem Podium blieben einander lange über dieses Ereignis hinaus verbunden, auf Peter Normans Beerdigung gehörten Smith und Carlos zu den Sargträgern.

Aber auch die Person Avery Brundage verdient einen kurzen Exkurs: Der IOC Präsident aus Chicago galt den protestierenden Athleten als Antisemit und Rassist. Bereits 1936 war er die treibende Kraft im Olympischen Komitee der USA gewesen, die sich für eine amerikanische Teilnahme an den Spielen von Berlin eingesetzt hatte und sich gegenüber jeglichem Antisemitismus blind zeigte.

Während er die international isolierten Länder Südafrika und Rhodesien zur Teilnahme einlud, verbannte er Smith und Carlos 1968 wegen ihrer politischen Botschaft von den Spielen. Und selbst die Erinnerung an die Siegerehrung wollte Brundage tilgen. Als es um einen Filmzusammenschnitt zur Olympiade 1968 ging, bestand er darauf, diese Szene zu entfernen: „the nasty demonstration against the American flag by negroes".[3]

Und auch der Berichterstatter der *Süddeutschen Zeitung* irrte, der meinte, dass sich die „Politisierung der Spiele" in der späteren Erinnerung an die Spiele verlieren würde: „Mexiko 1968 wird in Erinnerung bleiben wegen seiner großartigen Stadien, die alles bisherige übertreffen und auch 1972 von München kaum übertroffen werden können ..."[4]

Die internationale Politik spielte aber noch auf andere Weise in die Olympiade von Mexiko hinein, beispielsweise wurde zwischenzeitlich auch ein Ausschluss der Sowjetunion wegen des Einmarschs in die Tschechoslowakei und der Niederschlagung des Prager Frühlings diskutiert. Auch das deutsch-deutsche Verhältnis stand auf der Agenda, weil bis 1964 die beiden deutschen Staaten noch eine gemeinsame Mannschaft gestellt hatten und nun erstmals DDR und Bundesrepublik mit eigenen Teams antreten wollten und schließlich auch getrennt zu den Klängen von Beethovens 9. Sinfonie ins Stadion einzogen. Und auch das mexikanische und internationale Publikum während der Wettkämpfe zeigte sich enthusiastisch, als etwa die

---

[3] Allen Guttmann, *The games must go on. Avery Brundage and the Olympic Movement*, New York 1984, 245.

[4] Carlos Widmann, „Black Power siegt in schwarzen Socken", in: *Süddeutsche Zeitung* v. 19./20.10.1968.

Tschechin Věra Čáslavská ihre sowjetischen Konkurrentinnen im Turnen besiegte.

Die politische Symbolik und Inszenierung haben bei Olympischen Spielen eine besondere Bedeutung. Das galt auch schon für die Eröffnung und die olympische Flamme, die erstmals von einer Athletin ins Stadion getragen wurde, die auch das olympische Feuer entzündete. Schon für den Fackellauf hatte man eine dezidiert historische Route gewählt und die Verbindung Mexikos mit Europa betont: Er folgte dem Weg von Christoph Columbus über Genua und Sevilla bis zur Insel San Salvador. Für den Weg nach Mexiko City schließlich wählten die Organisatoren genau die gleiche Route, die einst der Konquistador Hernán Cortés gezogen war. Im Jahr 1968 war eine solche Symbolik noch anschlussfähig und erregte wenig Ärger, das war 1992 bei der Fünfhundertjahrfeier der „Entdeckung Amerikas" völlig anders.[5]

Auf mehrfache Weise spiegelten sich die internationale Politik, die Konfrontation der Großmächte, das amerikanische Civil Rights Movement und die Anti-Apartheid-Bewegung bei den olympischen Spielen 1968 wider. Insofern lässt sich nun in einer globalhistorischen Perspektive danach fragen, welche unmittelbaren Zusammenhänge auch zwischen den Studentenbewegungen auf mehreren Kontinenten bestanden und was die Studentenproteste in Mexiko motiviert hatte, deren Niederschlagung am 2. Oktober so blutig verlaufen war. Verfolgen wir zunächst die Vorgeschichte des Massakers von Tlatelolco.

[5] „Kolumbus kam vor 500 Jahren: Gedenkfeiern in Amerika. Die meisten Indianervölker sehen keinen Grund zum Jubel", in: *Süddeutsche Zeitung* v. 13.10.1992), 10.

Die Studentenbewegung und die staatliche Reaktion

Die Geschichte der Studentenproteste in Mexiko unterscheidet sich auf vielfache Weise von jenen in Europa oder in den Vereinigten Staaten. Zwar waren auch den mexikanischen Studierenden die Ereignisse in Vietnam, der Tschechoslowakei, in Westeuropa oder den USA bekannt, aber ihr Protest hatte von Anfang an eine andere Zielrichtung und andere Motivationen. Während es im Mai 1968 in Frankreich und Deutschland hoch her ging, blieb es in Mexiko weitgehend ruhig. Im Grunde begann die Bewegung in Mexiko mit einem unpolitischen Zwischenfall, als sich Gymnasiasten zweier Vorbereitungsschulen für die beiden rivalisierenden Universitäten prügelten, das Instituto Politécnico Nacional (IPN) und die Universidad Nacional Autónoma de México (UNAM). Eine herbeigerufene Sondereinheit der kasernierten Polizei, die Granaderos, brachen die Tür zu einer Schule gewaltsam auf und suchten nach Straftätern. Dabei wurden zahlreiche Studenten und ihre Dozenten verprügelt. Auch an den folgenden Tagen durchsuchten immer wieder Sicherheitskräfte Schulen und Lehrräume.

Am 26. Juli fanden gleich zwei parallele Studentendemonstrationen statt: Die eine – organisiert von Studentenvertretern des Instituto Politécnico – richtete sich gegen das widerrechtliche Eindringen der Streitkräfte in die Schule, während die zweite von der kommunistischen Jugend organisiert wurde. Diese zweite Demonstration feierte den 15. Jahrestag der kubanischen Revolution. Angesichts der polizeilichen Übergriffe der Vortage vereinigten sich beide Züge, wichen vom vorgesehenen Kurs ab und provozierten so ein erneutes polizeiliches Eingreifen. Die

Studenten empfingen die gegen sie vorrückenden Polizeieinheiten mit einem Steinehagel, woraufhin die Polizisten kein Halten mehr kannten. Mehr als 500 Verletzte waren an diesem Abend zu beklagen.

Als auch am 30. Juli wieder Polizeieinheiten die Tür einer zur Universität gehörenden Vorbereitungsschule mit einer Panzerfaust aufgesprengt hatten, bezog der Rektor der UNAM, Professor Javier Barros Sierra, am 1. August in den Medien gegen das polizeiliche Vorgehen Stellung. Die mexikanische Flagge auf dem Unigelände wurde auf Halbmast gesetzt. In einer leidenschaftlichen Rede bestand Barros Sierra auf der durch die Verfassung garantierten Autonomie der Universität und verlangte darüber hinaus auch die Freilassung der politischen Gefangenen und der festgenommenen Studierenden:

> Nuestra lucha no termina con esta demostración. Continuaremos luchando por los estudiantes, contra la represión y por la libertad de la educación en México.
>
> [Unser Kampf endet nicht mit dieser Demonstration. Wir werden weiter für unsere Studenten kämpfen, gegen die Repression und für die Bildungsfreiheit in Mexiko.][6]

Diese Rede bildete den Abschluss eines gemeinsamen Protestzugs von Dozenten und Studierenden in die Innenstadt, der bezeichnenderweise auf der Avenida de los Insurgentes stattfand – der Straße der Aufständischen, benannt nach der mexikanischen Unabhängigkeitsarmee der Jahre 1810 bis 1821. Die Demonstration vermied aber den Weg zum Zócalo und dem Präsidentenpalast, um eine Konfrontation mit Sicherheitskräften zu vermeiden. In

[6] Ramón Ramírez, *El movimiento estudiantil de México. Julio/diciembre de 1968*, Bd. 2, Mexiko 1998, 181.

Mexiko begann also die Studentenbewegung mit einem Schulterschluss mit den Dozenten und trug zunächst nicht die Züge eines Generationenkonflikts, ganz im Unterschied zu den französischen oder deutschen Bewegungen.

Am Folgetag, dem 2. August, fanden auf dem Campus der UNAM zwei Versammlungen statt, in denen sich die Studierenden von den gemäßigten Forderungen des Rektors distanzierten und ihrerseits ein nationales Streikkomitee konstituierten, den Consejo Nacional de Huelga (CNH). Hier ähnelte das Vorgehen der mexikanischen Studierenden jenem der westeuropäischen Studentenbewegungen. Es war durch große und lebhafte Diskussionen in den Hörsälen, permanente Meetings und die Verallgemeinerung der Forderungen jenseits der studentischen Anliegen auf allgemeine politische Veränderungen charakterisiert. Dies kam deutlich in den vom CNH artikulierten Forderungen zum Ausdruck: (1) die Aufhebung der Paragraphen 145 und 145b des mexikanischen Strafgesetzbuchs, die alle mit einer Haftstrafe bedrohte, die an Versammlungen von mehr als drei Personen teilnahmen und potentiell die öffentliche Ordnung bedrohten; (2) die Auflösung der Granaderos (also des taktischen kasernierten Polizeikorps); (3) Freiheit für alle politischen Gefangenen; (4) Entlassung des Polizeichefs und Stellvertreters; (5) die Ermittlung der Verantwortlichen für das Blutvergießen im Juli und August.

Diese Forderungen zeigen eine deutliche Politisierung der Studierenden, es ging ihnen nun nicht mehr nur um die Autonomie ihrer Hochschulen, sondern um dezidiert innenpolitische Ziele. Eine Radikalisierung oder Ideologisierung der Studierenden konnte zu diesem Zeitpunkt aber nicht beobachtet werden. Die hier formulierten Ziele waren für alle Demokraten anschlussfähig und der CNH bemühte sich um eine breite Repräsentationsbasis. Als sich sein zentrales Gremium konstituierte, waren Vertretungen von Parteien oder von Studentenvereinigungen ausdrücklich nicht zugelassen, sondern es sollte sich nur aus gewählten Vertretern der Hochschulen zusammensetzen. Der CNH setzte sich aus je drei gewählten Delegierten von jeder Universität paritätisch aus Studenten und Studentinnen zusammen, seine 240 Mitglieder entschieden mit einfacher Mehrheit. Auf diese Weise gelang es, sich eine breite Basis für die Bewegung sichern, die sich nicht nur auf Mexiko City konzentrierte, sondern nahezu alle Universitäten des Landes erfasste. Die Rivalitäten zwischen Studenten des Politécnico und der UNAM, die ja das Polizeivorgehen ausgelöst hatten, waren nun vergessen. Am 5. August stellten die Studierenden der Regierung ein Ultimatum von 72 Stunden zur Erfüllung ihrer Forderungen.

Am 8. August wurde der Audimax der UNAM nach Che Guevara umbenannt. Es wurde auch bekannt, dass die Regierung Militär in die Hauptstadt verlegen ließ. Trotzdem kam es am Dienstag, dem 13. August, zur bislang größten Demonstration, die geordnet mit über 150 000 Teilnehmern zum Zócalo führte. Die Sicherheitskräfte griffen nicht ein.

Weitere kleinere Demonstrationen fanden in den folgenden Wochen statt. Es kam zu ersten Gesprächen zwischen Regierungsvertretern und dem CNH, die aber ergebnislos blieben, so dass für Dienstag, den 27. August, erneut eine große Demonstration angekündigt wurde. Diese Demonstration, diesmal sogar mit mehr als 400 000 Menschen, zog friedlich zum Zócalo, ohne dass es zu Zwischenfällen kam. Nun demonstrierten nicht mehr nur Studierende und ihre Dozenten, sondern die Demonstration hatte eine beträchtliche soziale Breite. Männer und Frauen aus allen Generationen und sozialen Schichten beteiligten sich am Protest. Gegen 19 Uhr wurde die überdimensionale mexikanische Nationalflagge auf der Mitte des Platzes eingezogen und durch eine rot-schwarze Fahne ersetzt, die mexikanische Streikfahne. Einige Studenten erklommen den Turm der Kathedrale und läuteten die Glocken – mit dem Einverständnis der Kirchenvertreter.

3 500 Studenten beschlossen nun eine fünftägige Mahnwache auf dem zentralen Platz einzurichten. Sie wollten hier bis zur jährlichen Ansprache des Präsidenten ausharren. Jedes Jahr am 1. September, dem Día del Informe Presidencial, hielt der Präsident eine Rede zur Lage der Nation, die angesichts der Proteste mit besonderer Spannung erwartet wurde.

Am folgenden Vormittag, dem 28. August, harrten etliche hundert Studenten auf dem Zócalo aus, als sich plötzlich die Tore des Präsidentenpalastes öffneten, mehrere Hundertschaften Soldaten mit aufgepflanztem Bajonett auf den Platz stürmten und 12 Panzerwagen der Präsidentengarde ungebremst auf den Platz umherfuhren. Die Studenten skandierten daraufhin: „¡México, libertad! ¡México, libertad!“ [Mexiko, Freiheit!], mussten aber schließlich den Zócalo räumen. In den folgenden Stunden zogen sich handgreifliche Auseinandersetzungen zwischen Demonstranten und Soldaten auch in den Nebenstraßen hin. Aus einigen der am Zócalo stehenden Gebäude wurden Schüsse auf die Menge abgegeben. Obwohl es den Demonstranten gelang, zwei der Heckenschützen zu überwältigen und der Polizei zu übergeben, wurden diese sofort wieder freigelassen. Viele Jahre später bestätigten strafrechtliche Ermittlungen den Verdacht der Studenten, dass diese Schützen im Auftrag der Regierung gehandelt hatten.

Die mit Spannung erwartete Rede des mexikanischen Präsidenten Díaz Ordaz am 1. September betonte die Entschlossenheit der Regierung, den Protesten nicht statt zu geben. In der im Fernsehen übertragenen Rede an die Nation stellte Díaz Ordaz die „jugendlichen Unruhen" in einen Zusammenhang mit anderen Unruhen, die sich an vergangenen Großereignissen entzündet hatten. Er verwies auf Proteste beim Treffen der amerikanischen Präsidenten in Uruguay, auf die bei der Biennale in Venedig und auf die Pariser „Mairevolution", deren Widerhall nun auch an den mexikanischen Universitäten zu vernehmen sei. Aber er sei zuversichtlich, dass diese Proteste die anstehenden Sportereignisse nicht beeinträchtigen oder verhindern würden. Er werde alle legalen Mittel nutzen, um die innere Ruhe und Ordnung wiederherzustellen, damit die ausländischen Besucher und Teilnehmer sicher seien. Die Olympischen Spiele seien wichtig, da sie der Welt zeigen würden, zu welchen Leistungen das mexikanische Volk in der Lage sei.

Obwohl der Präsident seine Bereitschaft zum Dialog erklärte, enthielt seine Rede jedoch unmissverständliche Drohungen. Die Regierung sei zwar tolerant geblieben, solange es nicht zu kritischen Exzessen gekommen sei. Innere und ausländische ideologische Kräfte hätten den Konflikt verschärft, Studenten und Pseudostudenten hätten gewaltsam die Universitäten besetzt, die Rektoren und Lehrkräfte darin festgehalten, Straßen blockiert, Fahrzeuge zerstört und Brände gelegt, die gewaltsame

Auseinandersetzung gesucht. Doch die jüngsten Erfahrungen der anderen Länder mit solchen Unruhen hätten gezeigt, dass letztlich von allen Lösungsoptionen nur ein Weg erfolgreich gewesen sei, um die Unruhen zu beenden: „se tuvo que usar la fuerza y sólo ante ella cesaron o disminuyeron los distrurbios.“ [Es musste Gewalt angewandt werden, und erst dadurch hörten die Unruhen auf oder nahmen ab.] Im Namen der Nation dankte er deshalb auch ausdrücklich den Soldaten für ihren Einsatz.[7]

Die Rede des Präsidenten wurde im Parlament begeistert aufgenommen, Gustavo Díaz Ordaz konnte sich von seiner Partei feiern lassen. Seine entschlossene Botschaft wurde auch vom IOC und den Studierenden verstanden.

Am 7. September nahm die Bewegung bei einer großen Versammlung auf der Plaza de la Tres Culturas erneut Schwung auf. Rund 10.000 Teilnehmer folgten der Kundgebung. Die Aufrufe des Rektors der UNAM, den Studienbetrieb fortzusetzen, ignorierten die Studierenden.

Am 10. September bevollmächtigte dann der mexikanische Senat den Präsidenten, zur Herstellung der inneren Sicherheit sämtliche Streitkräfte einzusetzen.

Drei Tage darauf fand ein großer Schweigemarsch statt, an dem sich wieder nicht nur Studierende, sondern auch viele Arbeiter*innen beteiligten. Viele Demonstranten hatten sich aus Protest gegen die Unterdrückung der Meinungsfreiheit Pflaster über den Mund geklebt.

---

[7] Estados Unidos Méxicanos (Hg.), *Cuarto Informe que rinde al H. Congreso de la Unión el C. Presidente de la República Guasto Díaz Ordaz. 10 de Septiembre de 1968*, México 1968, 69–92.

Ab dem 18. September gingen die Einsatzkräfte dann entschlossen gegen die studentischen Bewegungen vor und besetzten nacheinander die Universitätsstadt, den Campus von Zacatenco und den Campus Santo Tomás des Instituto Politécnico sowie schließlich auch den Hauptcampus der UNAM. Beim Sturm auf Santo Tomás stießen die Soldaten aber auf entschlossenen studentischen Widerstand. Die Studenten hatten sich im Gebäude verbarrikadiert und einige hatten sich mit Kleinkaliberwaffen sowie Molotowcocktails bewaffnet. Mehr als 600 Soldaten und zwölf Schützenwagen kamen zum Einsatz, trotzdem dauerte der Kampf mehr als zwölf Stunden, dann waren ein Mensch gestorben und 33 weitere verwundet. Mehrere hundert Studierende wurden festgenommen.

Als die Soldaten auch auf das Gelände der UNAM vorrückten, protestierte Rektor Barros Sierra gegen die Verletzung der universitären Autonomie und trat aus Protest von seinem Amt zurück. Erst am 1. Oktober räumten die Soldaten den Campus wieder. Für den folgenden Tag, den 2. Oktober, hatte der CNH zu einer neuen Demonstration am Platz der Drei Kulturen aufgerufen. Diese sollte ein tragisches Ende nehmen.

Das Massaker von Tlatelolco am 2. Oktober 1968

Der Ort der Demonstration in Tlatelolco wurde Plaza de las Tres Culturas genannt, weil hier tatsächlich drei Kulturen sichtbar aufeinander stoßen: Das aztekische Erbe ist als Ruine einer Pyramide präsent, auf dessen Fundament sich das Colegio de la Santa Cruz de Tlatelolco aus der spanischen Kolonialzeit erhebt, hier unterrichteten Franziskaner seit den 1530er Jahren junge Azteken, um späteren

Priesternachwuchs auszubilden. Die übrigen Seiten werden von modernen Wohngebäuden umschlossen, die bis zu 13 Stockwerke in die Höhe ragen (und von denen einige beim Erdbeben von 1985 einstürzten, wobei hunderte Menschen ums Leben kamen). Einen Steinwurf entfernt ist das Hochhaus, in dem sich zwischenzeitlich das mexikanische Außenministerium befand. An diesem historischen Ort, an dem Hernán Cortés und seine Verbündeten den letzten Aztekenherrscher Cuauhtémoc vernichtend geschlagen hatten, waren schon einmal schätzungsweise 40 000 Menschen getötet worden. Der spanische Chronist Bernal Díaz del Castillo berichtete, dass man wegen der vielen Toten den Platz nicht mehr habe überqueren können. Der gewählte Ort hatte deshalb auch eine symbolische Bedeutung als Widerstandsort gegen die spanischen Invasoren.

Auf diesen Platz hatte also der CNH für den 2. Oktober zu einer neuerlichen Demonstration aufgerufen. Am späten Nachmittag kamen geschätzte 5 000 Teilnehmer zusammen. Der deutsche Journalist Heinrich Jaenecke war Augenzeuge der Ereignisse und schilderte diese in der Wochenzeitung *Die Zeit*. Er war gemeinsam mit zwei anderen Journalisten auf der Loggia des Gebäudes, die auch als Rednerbühne diente.

> Der erste Sprecher sagte wörtlich: ‚Der vorgesehene Marsch zum Polytechnikum fällt aus. Wir haben Nachricht, daß die Armee auf eine Provokation wartet. Wir werden deshalb die Versammlung ruhig durchführen und dann nach Hause gehen.' Die Kundgebung verlief außerordentlich diszipliniert, wie eine Veranstaltung der IG Metall. Zu keinem Zeitpunkt war die öffentliche Ordnung gefährdet. Fünfundvierzig Minuten nach Beginn gab des Kommando der Armee ohne jede Vorwarnung mit

grünen Leuchtkugeln das Signal zum Angriff. Aus der Deckung heraus stürmten Fallschirmjäger mit aufgepflanztem Bajonett in die Menge. Gleichzeitig setzte schweres Feuer aus Maschinenwaffen ein. Und die Loggia, auf der Studentensprecher und Journalisten standen, wurde von einem militärischen Rollkommando in Zivil besetzt. Seine Erkennungsparole lautete ‚Batallón Olímpico'. Eine Stunde lang lagen wir im Feuer der Armee, die auch Hubschrauber zum Beschuß einsetzte. Die Revolver des ‚Olympischen Bataillons' hielten uns nieder. Oriana Fallaci wurde in der Kniekehle und im Rücken verwundet, weil einer der Gangster ihr nicht erlaubte, in eine bessere Deckung zu kriechen.[8]

Vor einigen Jahren wurden Filmaufnahmen entdeckt, die die übereinstimmenden Berichte der Augenzeugen bestätigten.[9] Die geschilderten Abläufe lassen sich auf Originalfilmaufnahmen wiedererkennen, die offenbar im Regierungsauftrag das Ereignis im Bild festhielten und erst Ende der 1990er Jahre öffentlich wurden. Aus Augenzeugenberichten und Filmaufnahmen lässt sich folgende Ereigniskette rekonstruieren:

Als um 17:55 Uhr von einem der umstehenden Häuser zwei rote Leuchtraketen abgeschossen wurden, schenkte dem noch kaum jemand Beachtung. 15 Minuten später folgten die grünen Bengalos aus einem der Hubschrauber. Niemand ahnte, dass dies das Zeichen für das militärische Losschlagen bedeutete. Kaum hatten die Leuchtfeuer den Boden berührt, begann das Schießen. Wie man in den Originalaufnahmen deutlich erkennen kann, gingen auch

---

[8] Heinrich Jaenecke, „Parole: Batallón Olímpico. Maschinengewehre schaffen Ruhe für die ‚friedlichen Spiele'", *Die Zeit* v. 11.10. 1968.

[9] Dokumentarfilm von Alan Tomlinson: „Massacre de Tlatelolco" (Mexiko 2010), https://www.youtube.com/watch?v=Tw2KsKXrF5o (16.2.2019).

die Soldaten, die über die aztekischen Ruinen vorgerückt waren, in Kampfstellung und warfen sich auf den Boden. Offensichtlich wurde aus den umliegenden Gebäuden und auch vom Dach der Kirche auf sie gefeuert. Die Soldaten erwiderten das Feuer. Wie zehn Jahre später ein kommandierender General zugab, kam aber nicht ein einziger Soldat beim vermeintlichen Schusswechsel ums Leben. Mit größter Wahrscheinlichkeit handelte es sich hierbei um eine gezielte Provokation durch Regierungsagenten.

Die Rekonstruktion der Ereignisse zeigt, dass bereits während die ersten Schüsse abgegeben wurden, eine größere Gruppe von Männern in Zivil die Eingänge zum Gebäude Chihuahua besetzte, von dem aus die Redner zur Versammlung sprachen. Sie stürmten die Treppen in den dritten Stock und nahmen die Redner fest. Als Erkennungszeichen trugen sie jeweils an der linken Hand einen weißen Handschuh. Sie waren mit Pistolen bewaffnet und hielten die Versammlungsführer fest, wie auch Jaenecke berichtete. Auf den Filmaufnahmen lässt sich auch Mündungsfeuer vom Balkon des dritten Stocks erkennen, als die Bewaffneten längst die Redner überwältigt hatten. Es kann als sicher gelten, dass auch diese Männer auf die Soldaten schossen und so weitere Schießereien provozieren wollten. Anders als die schwarzen Handschuhe Smiths und Carlos' standen die weißen Handschuhe hier nicht für Bürgerrechte, sondern waren das Erkennungszeichen für eine verdeckt agierende Sondereinheit der Regierung, die ihre Macht gegenüber friedlichen Demonstranten missbrauchte und sich über alle Bürgerrechte hinwegsetzte. Fotos des bewaffneten Vorgehens des Batallón Olimpia bestätigen die Berichte Jaeneckes und anderer Augenzeugen. Mit vorgehaltenen Pistolen zwangen sie die Redner und anwesenden Journalisten zu Boden, während auf dem Platz das Massaker begann.

Bereits Jaenecke hatte in seiner Reportage von einem Rollkommando mit dem Namen „Batallón Olímpico" berichtet. Spätere Recherchen bestätigten die Information Jaeneckes, dass es sich bei diesen weißbehandschuhten Männern tatsächlich um Mitglieder einer Spezialeinheit handelte. Die meisten hatten davor in der Präsidentengarde gedient und waren zum Batallón Olimpia (nicht Olímpico) abkommandiert worden. Es umfasste ungefähr 1 500 bis 2 000 Mann, die verdeckt operierten und bereits beim Sturm auf das Politécnico eine zentrale Rolle gespielt hatten.

Eine halbe Stunde lang wurde auf dem Platz aus allen Richtungen geschossen, auch von den Dächern der umliegenden Gebäude, insgesamt 15 000 Schuß Munition wurden verbraucht. Dann rollten Panzerwagen auf den Platz, überall lagen Tote und Verletzte auf dem Boden. Etliche wurden mit Ambulanzen in die Krankenhäuser eingeliefert. Dann durchsuchten die Männer vom Batallón Olimpia und die Soldaten die umliegenden Wohngebäude und nahmen weitere mutmaßliche Demonstranten fest. Von dort wurden sie in Militärkasernen, Gefängnisse und Geheimdiensteinrichtungen abtransportiert. Mehr als 3 000 Menschen wurden gefangen genommen. Viele berichteten später über Folterungen, einige tauchten nie wieder auf.

Am Ort des Massakers wurden die Leichen schnell entfernt und ein heftiger Regen spülte das vergossene Blut weg, den Rest beseitigten die Streitkräfte noch vor dem Morgengrauen. Am nächsten Vormittag bot sich ein ruhigeres Bild, das Militär kontrollierte diese Grabesruhe.

Die Mitglieder des nationalen Streikkommitees tauchten sofort unter und hielten sich noch einige Tage versteckt. Bei einer Pressekonferenz erklärten sie am 5. Oktober 1968, dass von Seiten des CNH oder der Demonstranten keinerlei Aggression oder Angriffe ausgegangen waren. Heute wissen wir, dass diese Aussage stimmt. Die mexikanische Presse sah dies jedoch völlig anders. Die mexikanischen Zeitungen, wie die weit verbreitete Tageszeitung *La Prensa*, berichteten von einem „energischen Vorgehen gegen Unruhestifter", von „Schießereien zwischen Heckenschützen und Sicherheitskräften" oder vom vermeintlichen Ziel der Demonstranten, die Olympischen Spiele zu verhindern.[10] Rasch bildete sich aus Studierenden und anderen Bürgerrechtlern eine Gegenöffentlichkeit, die mit inoffiziellen Publikationen, Flugblättern und Graffiti das Massaker anprangerten und ihre Sicht der Dinge bekundeten.

Die ausländische Presse hingegen, die wegen der Spiele stark präsent war, ließ sich weniger leicht von der Regierung vereinnahmen oder einschüchtern, sondern berichtete detailliert über die Ereignisse. Vorläufig ließen sich jedoch nur wenige Fakten belegen, so dass die Berichterstattung zwar die Ereignisse annäherungsweise korrekt schilderte, sich aber hinsichtlich der Opferzahlen an offizielle Angaben der Regierung hielt. Das hatte auch zur Folge, dass die genauen Ausmaße des Massakers nie festgestellt werden konnten. Weil auch in der Folgezeit keine

[10] Vgl. http://132.248.192.201/seccion/hemero_68/index_hemero.php?c_diario=La%20prensa&c_episodio=Secuelas%20de%20la%20matanza%20del%202 %20de%20octubre&c_suceso=Presencia%20militar%20en%20Tlatelolco%20en%20los%20d%EDas%20posteriores%20al%202 %20de%20octubre (16.2.2019).

neuen Fotos oder zitierfähigen Informationen mehr auftauchten, weil auch keine weiteren Ereignisse neue Schlagzeilen lieferten, die das Thema auf der Agenda hielten, nahm die entsprechende Berichterstattung sehr schnell wieder ab. Außerhalb Mexikos geriet das Massaker von Tlatalolco deshalb bald wieder in Vergessenheit.

Vertuschung, Erinnerung, politisches Erbe

Nach den Ereignissen bemühte sich die Regierung in Mexiko die Opferzahlen möglichst gering erscheinen zu lassen. Die offizielle Verlautbarung vom 3. Oktober sprach von insgesamt 28 Toten und 100 Verletzten. Die nur zwei Wochen später bevorstehenden Olympischen Spiele waren wohl der eigentliche Grund für das energische Vorgehen der Regierung. Bereits mit seiner präsidialen Ansprache vom 1. September hatte Díaz Ordaz den Demonstranten eine deutliche Warnung geschickt, dass er nicht zögern würde, die Streitkräfte auch im Innern gegen weitere Proteste einzusetzen. Stattdessen hatte er ihnen einen Dialog angeboten. Tatsächlich war es im August zu einem einmaligen Gespräch der Hochschulleitung der UNAM und von Studentenvertretern mit dem mexikanischen Innenminister Luis Echeverría Álvarez gekommen (der später Díaz Ordaz im Amt des Staatspräsidenten nachfolgen sollte).

Im Grunde fehlte aber in Mexiko eine institutionelle Basis, auf der man politische Veränderungen ernsthaft diskutieren konnte. Seit 1929, also über 39 Jahre, regierte in Mexiko der Partido Revolucionario Institucional (PRI), die Partei der institutionalisierten Revolution. Es gab zwar auch drei Oppositionsparteien, doch bis zum

Jahr 2000 gewann der PRI alle Präsidentschaftswahlen. Die Partei fühlte sich als einstimmiger Vertreter des mexikanischen Volkes und vereinte unter ihrem Dach sowohl Arbeitnehmer- wie Arbeitgeberverbände, vertrat aber auch die Bauern. Der Schriftsteller und Diplomat Octavio Paz kennzeichnete das Selbstverständnis des PRI und des Präsidenten als eine Art legalistischen Autoritarismus: Eine Partei, die sich als einzigen und legitimen Erben der mexikanischen Revolution verstand und seit 39 Jahren die Interessen des gesamten Volkes zu vertreten glaubte, konnte mit den 1968 auftretenden Formen zivilen Ungehorsams und Protests nicht umgehen. Eine öffentliche Diskussion über politische Fragen – gar noch unter dem Druck der Straße –, das war in diesem politischen System nicht vorgesehen, in dem die meisten Entscheidungen hinter verschlossenen Türen von einer kleinen Gruppe einflussreicher Männer gefällt wurden. Diese wollten und konnten sich nach ihrem politischen Selbstverständnis überhaupt nicht auf die Forderungen der Demonstranten einlassen.

In einer kontrafaktischen Perspektive kann man diskutieren, ob die Staatsführung tatsächlich auch dann gegen die Studierenden mit Schusswaffen und agents provocateurs vorgegangen wäre, wenn nicht die Olympischen Spiele vor der Tür gestanden hätten. Politisch wäre ein Aussitzen der Proteste sicherlich möglich gewesen, zumal es den Studierenden nicht mehr gelungen war, noch einmal breite Bevölkerungskreise für ihre Sache zu mobilisieren oder auch die Unterstützung der Arbeiterschaft zu gewinnen.

In der internationalen Presse wurde von Anfang an der Zusammenhang mit den Olympischen Spielen diskutiert, teilweise sogar ein entscheidender Einfluss des IOC auf die mexikanische Regierung vermutet. Das sind jedoch reine Spekulationen, hierfür gibt es bis heute keine belastbaren Quellen. Auch der ungeliebte IOC-Präsident Brundage wollte die Spiele in Mexiko durchführen und erteilte entsprechenden amerikanischen Pressespekulationen im September 1968 eine sehr deutliche Absage. Eine unmittelbare Verantwortung kann dem IOC hier nicht nachgewiesen werden. Trotzdem trugen die Spiele erheblich zur Dynamik der Ereignisse bei.

Denn für Mexiko stand einiges auf dem Spiel: Zum ersten Mal würde eine Olympiade in einem lateinamerikanischen Staat stattfinden, zum ersten Mal in einem Land, das zeitgenössisch als Schwellenland wahrgenommen wurde. Mexiko wollte sich als ein modernes und weltoffenes Land inszenieren. Die wirtschaftliche Entwicklung mit einem jährlichen Wachstum von mehr als sechs Prozent war beachtlich, aber in den 1960er Jahren nicht ungewöhnlich. Mexiko City wurde mit moderner Architektur neu gestaltet: vom Flughafen über das spektakuläre Anthropologische Museum bis hin zu den Hochhäusern von Tlatelolco und zur größten Universität Lateinamerikas. Weil das künftige Aztekenstadion noch nicht fertiggestellt war und ein reines Fußballstadion für die Weltmeisterschaft 1970 werden sollte, wurden die Eröffnungs- und Schlussfeiern sowie die Leichtathletikwettbewerbe im Universitätsstadion durchgeführt – also auf dem Campus der UNAM. Die Studentenproteste waren auch topographisch auf das Engste mit den Olympiastätten verbunden.

Außerdem wurde bei den Demonstrationen immer wieder auch das Prestigeobjekt der Regierung attackiert.

Immer wieder skandierten Demonstranten: „¡No queremos olimpiadas, queremos revolución!“ [Wir wollen keine Olympiaden, wir wollen Revolution!]

In diesem Moment, als sich die Blicke der Welt auf Mexiko richteten und die Proteste das größte und wichtigste Projekt der Regierung ernsthaft zu bedrohen schienen, glaubte die PRI-Regierung keine andere Wahl zu haben, als entschlossen zu handeln. Das sollte jedoch nach Möglichkeit nicht vor den Augen der Welt geschehen, weshalb der Angriff auf die Demonstranten und das Massaker konsequent heruntergespielt und die Fakten über Jahrzehnte geheim gehalten wurden. Die Partei der Institutionalisierten Revolution ließ eine friedliche und zu diesem Zeitpunkt bereits auslaufende Protestbewegung von ihren Soldaten und Agenten niederschießen.

Um das Vorgehen der Sicherheitskräfte zu begründen, hatte die Regierung Díaz Ordaz schon seit dem Juli immer wieder auf kommunistische, insbesondere kubanische Einflüsse auf die Demonstrationen hingewiesen. Die regierungsnahe Presse hatte diese Zuschreibung aufgenommen und sie wiedergegeben, aber diesen Behauptungen schenkte nicht einmal die amerikanische CIA irgendeinen Glauben. Deren Unterlagen zu den Ereignissen sind anders als die mexikanischen Dokumente inzwischen weitgehend zugänglich. Die Annahme einer kommunistischen Unterwanderung hatte am 26. Juli durch die Fusion der beiden Protestzüge, durch die immer wieder mitgeführten Che Guevara-Transparente oder die symbolische Umbenennung eines Hörsaals entstehen können. Wer jedoch näher hinsah, konnte die antisowjetischen Proteste gegen die Niederschlagung des Prager Frühlings im August 1968 nicht ignorieren. Die

Demonstranten protestierten gegen alle Mächte, die sich den Freiheitsbewegungen entgegenstellten – das konnte sich gleichermaßen gegen den amerikanischen Krieg in Vietnam wie gegen den Einmarsch der Truppen des Warschauer Pakts in der Tschechoslowakei oder gegen die mexikanische PRI-Regierung richten. Die mexikanische Regierung stand mit ihrer Einschätzung international ziemlich allein, sie wollte nicht zugeben, was nahezu alle auswärtigen Pressevertretungen sofort wahrnahmen: Es ging nicht um eine sozialistische Umwälzung, sondern um Freiheitsrechte und Demokratie.

Doch mit dem Massaker von Tlatelolco fand die mexikanische Bewegung von 1968 ihr tragisches Ende. Die Überlebenden und die vielen tausend Mitglieder der Studentenbewegung aber vergaßen nicht. Sie hielten die Erinnerung an die Verbrechen aufrecht und sammelten Informationen. Erst 1993 und damit ein Vierteljahrhundert später, lange nachdem die verantwortlichen Präsidenten Dìaz Ordaz (1964–1970) und Echeverría Álvarez (1970–1976) im Ruhestand waren, nahm eine erste Wahrheitskommission ihre Arbeit auf, eine zweite folgte fünf Jahre darauf. Sie bemühten sich die Hintergründe des Massakers zu beleuchten, doch beide Kommissionen scheiterten noch an fehlenden Beweisen. Zahlreiche Bücher erschienen, insbesondere *La Noche Triste de Tlatelolco* (engl. *Massacre in Mexico*) der Journalistin Elenia Poniatowska, sammelten wichtige Zeugenaussagen und hielten die Erinnerung lebendig. Erst als Ernesto Zedillo zum mexikanischen Präsidenten gewählt worden war (1994–2000) – als Kandidat der PRI – begann die offizielle Aufarbeitung, die aber von allen möglichen Regierungsstellen effektiv behindert wurde. Auf zeitgenössischen Pressefotos ist zu erkennen, dass Ernesto Zedillo als Student des Politécnico selbst zum Opfer polizeilich-militärischer Übergriffe geworden war, auch wenn er zu diesem Zeitpunkt nicht als politischer Führer in Erscheinung getreten war. Zum fünfundzwanzigjährigen Jahrestag wurde auf dem Platz der Drei Kulturen ein Gedenkstein neben der Kollegkirche errichtet. Und erst 2006 wurde Anklage gegen einen Verantwortlichen erhoben, den ehemaligen Innenminister Echevarría. Doch das Verfahren wurde nach wenigen Wochen wegen Verjährung wieder eingestellt und Echevarría aus dem Hausarrest entlassen. Seit 2007 existiert in Tlatelolco auch eine Gedenkstätte. Das Memorial del 68 hat seinen Platz im ehemaligen Außenministerium gefunden und wird von der autonomen Universität UNAM finanziert und betrieben. Neben einer multimedialen Ausstellung können hier mehr als 300 Stunden Filmmaterial, 50 aufgezeichnete Interviews und mehr als 30 000 weitere Dokumente recherchiert werden. Stolz meinte der Kurator:

> Neben der mexikanischen Revolution ist kein Teil unserer Geschichte so gut dokumentiert wie diese Ereignisse. Nun haben wir einen Ort geschaffen, an dem keiner mehr vorbeikommt, der sich mit 1968 beschäftigt.[11]

Es hat fast 40 Jahre gedauert, bis die UNAM die Genehmigung erhalten hat, ein solches Museum zu gründen.

[11] Kurator Alvaro Vázquez Montecón, zit. nach: Peter B. Schumann, „Memorial del 68“, Deutschlandfunk Kultur v. 13.6.2008, https://www.deutschlandfunkkultur.de/memorial-del-68.1013.de.html?dram:article_id=168039 (16.2.2019) – Weitere Dokumente, Presseberichte, Interviews und Archivalien lassen sich über den Internetauftritts der Gedenkstätte erschließen: http://m68.mx/#/acerca-de (16.2.2019).

Die Erinnerung an die Nacht von Tlatelolco ist heute bereits ein nationaler Erinnerungsort der Mexikaner und Mexikanerinnen.

Untersucht man die Ereignisse von 1968 aus einer globalhistorischen Perspektive, lässt sich erkennen, dass auch die Studierenden Mexikos Teil einer rund um den Globus reichenden Studentenbewegung waren: von den USA über Westeuropa, Jugoslawien über Pakistan bis nach Japan und Brasilien. Diese Studentenproteste des Jahres 1968 teilten die Gegnerschaft gegen Freiheit unterdrückende Regime und richteten sich mehrheitlich auch dezidiert gegen den Vietnamkrieg. Und auch wenn sie jeweils andere innenpolitische Ziele verfolgten, wurden sie von einem Gefühl transnationaler Solidarität unter der jungen Generation getragen. Vielen der jungen Demonstranten erschien die Gelegenheit zu einem Systemwechsel so günstig wie selten zuvor, sie fühlten sich durch ähnliche Mobilisierungen in anderen Ländern ermutigt, selbst Veränderungen zu fordern und einzuleiten. Sie verfolgten die Medienberichterstattung und die bewegten Bilder von den Protesten in den USA und Frankreich aufmerksam. In ihren Augen musste der Moment genutzt werden. Und auch wenn sie in ihren kurzfristigen Bemühungen scheiterten, haben sich ein halbes Jahrhundert später viele ihrer Vorstellungen trotzdem realisiert. Mexiko leidet heute nicht mehr unter der Einparteienherrschaft des PRI, sondern das größte Problem stellt heute eine gewachsene und gegenwärtig nicht mehr einzudämmende organisierte Kriminalität dar. Die Freiheit der Mexikanerinnen und Mexikaner wird heute weniger durch den Staat und die politischen Eliten bedroht, als durch kriminelle Gewalt.

Ausgewählte Literatur

Aguayo Quezada, Sergio, *De Tlatelolco a Ayotzonapa. Las violencias del Estado*, Mexiko 2015.

Ders., *La transición en México. Una historia documental 1910–2010*, Mexiko D. F. 2017.

Beezley, William H./Michael C. Meyer (Hg.), *The Oxford History of Mexico*, Oxford 2010.

Brewster, Keith/Brewster, Claire (Hg.), „Representing the Nation: Sport, Control, Contstation, and the Mexican Olympics", in: *The International Journal of the History of Sport* 26 (2009) H. 6, 711–880.

Doyle, Kate, *The Tlatelolco Massacre: Declassified U. S. Documents on Mexico and the Events of 1968,* (National Security Archive Electronic Briefing Book, 10) https://nsarchive2.gwu.edu//NSAEBB/NSAEBB10/intro.htm (15.2.2019)

Draper, Susana, *1968 Mexico. Constellations of Freedom and Democracy*, Durham NC 2018.

Fuentes, Carlos, *Los 68: París, Praga, México*, Barcelona 2005.

Guttmann, Allen, *The games must go on: Avery Brundage and the Olympic Movement*, New York 1984.

Horn, Gerd-Rainer, „1968: A Social Movement *Sui Generis*", in: Stefan Berger/Holger Nehring (Hg.), The History of Social Movements in Global Perspective. A Survey, London 2017, 515–542.

Keller, Renata, *Mexico's Cold War: Cuba, the United States, and the Legacy of the Mexican Revolution*, Cambridge 2015.

Kirza, Elisa, „Anti-Interventionism in Narratives Surrounding the Student Massacre on Tlatelolco Square (Mexico, 1968)", in: *Bulletin of Latin American Research* 38 (2019), 82–96.

Poniatoswka, Elena, *Massacre in Mexico*, New York 1975.

Ramírez, Ramón, *El movimiento estudiantil de México. Julio/diciembre de 1968*, Bd. 2, Mexiko D. F. 1998.

Walker, Louise, *Waking from the Dream: Mexico's Middle Classes after 1968*, Stanford 2013.

Witherspoon, Kevin B., *Before the Eyes of the World : Mexico and the 1968 Olympic Games*, DeKalb IL 2008.

Subzentrum der Revolte

1968 in Tübingen

Bernd Jürgen Warneken

Die bundesdeutsche 1968er-Revolte ist in den fünfzig Jahren danach wieder und wieder geschildert und analysiert worden. Behandelt wurden dabei verständlicherweise allermeist ihre Zentren und Zentralfiguren. Das Geschehen in der „Provinz" dagegen wird erst seit einiger Zeit eingehender betrachtet. Das gilt auch für Tübingen und hier insbesondere für eine wissenschaftliche Aufarbeitung.[1] Die Gründe sind sicherlich vielfältig. Vielleicht spielt hierbei mit, dass manche hiesigen Wissenschaftler*innen es zu heikel fanden, sich mit den oft harten Kämpfen zu beschäftigen, die damals den Universitätsbetrieb erschütterten und Institute spalteten, zumal ja viele Beteiligte noch lange vor Ort waren und manche es noch heute sind. Auch ich, ein Tübinger 68er, der danach an der Universität Tübingen geblieben ist, habe mich erst spät dazu entschlossen, über die damaligen Ereignisse ein Buch

[1] Eingehend bislang nur: Regine Lotterer, *Die Studentenbewegung in Tübingen von 1967 bis 1970. Zwischen antiautoritärem Protest und kommunistischer Kaderorganisation,* unveröff. Magisterarbeit am Seminar für Zeitgeschichte der Universität Tübingen, 1995.

zu schreiben.[2] Es verknüpft meine eigenen Erinnerungen mit der Auswertung von persönlichen Dokumenten, von Archivmaterialien, von Primär- und Sekundärliteratur sowie Interviews zu einer Zeit-, Lokal- und Individualgeschichte der 68er-Bewegung. Der folgende Beitrag fußt auf den Quellen und Befunden dieses Buchs.

Anstöße. Tübingen 1960–1965

Für eine an spektakulären Aktionen oder gar an spektakulärer Gewalt interessierte Betrachtung ist das Tübinger 68er-Geschehen eher unergiebig. Aber man täusche sich nicht. Tübingen war durchaus ein Subzentrum des gesellschaftspolitischen Aufbruchs, der damals stattfand. Und wenn man die Jahre einbezieht, in denen sich die Ereignisse des Jahres 1968 vorbereiteten, entdeckt man, dass sich die damals nicht sehr große Universität in der recht kleinen Stadt Tübingen (1969: 12 000 Studierende, 52 000 Einwohner) auf mehreren der großen Themenfelder, derer sich die spätere Studierendenbewegung annahm, zu einem frühen Zeitpunkt zu Wort meldete.

So begann der öffentliche Protest gegen den Kolonialismus und westliche Interventionen in der ‚Dritten Welt' in Tübingen schon 1960. Im Vordergrund stand zunächst, wie damals überall, die Befreiung Afrikas von weißer Vorherrschaft. Vor Ort spielte der Südafrikaner Neville Alexander eine besondere Rolle. Alexander war 1959 als Humboldt-Stipendiat nach Tübingen gekommen. Er wurde Mitglied im Sozialistischen Deutschen Studentenbund (SDS). In

---

[2] Vgl. Bernd Jürgen Warneken, *Mein 68 begann 65. Eine Tübinger Retrospektive,* Tübingen 2018.

der Tübinger Studentenzeitung *Notizen* schrieb er über den aktuellen Kolonialismus und das „Herrenvolksystem in Südafrika", warnte aber zugleich vor schwarzem Chauvinismus und sah postkoloniale innerafrikanische Konflikte aufziehen.[3] Auf einer Demonstration gegen den Algerienkrieg im Dezember 1960 war er einer der Redner. „Temperamentvoll und sehr aggressiv, aber in ausgezeichnetem Deutsch", schreibt die Lokalzeitung, habe er „die algerischen Freiheitskämpfer als Avantgarde ganz Afrikas gegen Kolonialismus und Imperialismus" bezeichnet und die Haltung der Bundesregierung zum Algerienkrieg kritisiert.[4] Im Jahr 1961 schloss Alexander bei dem bekannten Germanisten Friedrich Beißner summa cum laude eine Promotion über den Stilwandel in den Dramen Gerhart Hauptmanns ab. Nach Südafrika zurückgekehrt, wurde er 1963 wegen Mitgliedschaft in der National Liberation Front verhaftet. Der Tübinger Allgemeine Studentenausschuss (AStA) initiierte eine Spendensammlung, die bundesweit rund 45 000 DM einbrachte, womit ein prominenter südafrikanischer Anwalt bezahlt werden konnte. Dennoch wurde Alexander zu zehn Jahren Gefängnis verurteilt, die er auf der Sträflingsinsel Robben Island verbüßte, wo auch Nelson Mandela einsaß. Nach Haft und Hausarrest engagierte er sich wieder politisch, insbesondere für gleiche Bildungschancen. Tübingen besuchte er noch mehrere Male.

Ein anderes ‚68er'-Thema, bei dem Tübingen zur Avantgarde gehörte, war der so genannte Bildungsnotstand, die

---

[3] Neville Alexander, „Afrikanischer Nationalismus", *Notizen* 27 (Mai 1960), 8 f.

[4] „Gegen ‚distanzierte Heuchelei'", *Schwäbisches Tagblatt*, 10.12. 1960.

Unterfinanzierung des Bildungssektors und die Ungleichheit von Bildungschancen. Am 1. Juli 1965 gingen bei einem bundesdeutschen Aktionstag auch Tübinger Studierende und Lehrende auf die Straße. Trotz Regen waren zwischen 3 000 und 4 000 Leute unterwegs. Es war eine der größten Demonstrationen zu diesem Anlass. Die hohe Beteiligung hatte ihren Vorlauf. Am Soziologischen Seminar der Universität bildete das Thema Bildungsnotstand einen Arbeitsschwerpunkt. Sein Leiter Ralf Dahrendorf veröffentlichte 1965 die Streitschrift *Bildung ist Bürgerrecht*. Dahrendorfs Assistentin Hannelore Gerstein legte zur selben Zeit eine viel beachtete Untersuchung mit dem Titel *Studierende Mädchen* vor. Sie konstatierte darin eine deutliche Schlechterbehandlung von Frauen an westdeutschen Hochschulen: „(Die Studentin) stößt bei Eintritt in die Universität nicht nur in einen ihr völlig fremden sozialen Bereich, in dem sie sich als Frau nur schwer zurechtfinden kann, sondern sie begegnet beim Versuch, sich einzuleben, auch dem Widerstand der eigentlichen ‚Machthaber' dieses Bereichs."[5] Aus ihren Interviews, so Gerstein, gehe hervor, „daß die Studentinnen doch sehr stark die Vorbehalte spüren, die ihnen durch die skeptische Haltung ihrer Kommilitonen und Professoren entgegengebracht werden."[6]

Bei dem Bemühen, der Verdrängung der NS-Zeit entgegenzuarbeiten, waren Tübinger Studierende ebenfalls früh beteiligt. 1960 regte der Tübinger SDS an, die von SDS-Mitgliedern erarbeitete Ausstellung „Ungesühnte

---

[5] Hannelore Gerstein, *Studierende Mädchen,* München 1965, 88 (= Gerstein, Mädchen).

[6] Gerstein, Mädchen, 90.

Nazijustiz" nach Tübingen einzuladen. Diese stand unter heftigem Beschuss, nicht zuletzt von Seiten der SPD-Führung, weil ihre Belegdokumente aus der DDR, der ČSSR und Polen stammten. Dennoch lud der Tübinger AStA sie an den Neckar ein. Sie wurde im Juli 1960 unter Mitwirkung von Rektor Alfred Nitschke und Juraprofessor Ludwig Raiser eröffnet. Einer Zusammenarbeit von Studierenden und Professoren verdankte sich auch die erste westdeutsche Ringvorlesung über die deutsche Universität im Nationalsozialismus. Allerdings musste der in dieser Frage sehr schwerfällige Lehrkörper zum Jagen getragen werden. Die Grundzüge des Geschehens sind inzwischen recht bekannt. Im Februar 1964 erschien in Heft 53 der *Notizen* ein Artikel von Hermann L. Gremliza, dem späteren *Spiegel*-Redakteur und danach Herausgeber von *konkret*, überschrieben „Die braune Universität. Tübingens unbewältigte Vergangenheit". Die Durchschlagskraft des Artikels wurde durch das schnell berühmt gewordene Cover des *Notizen*-Hefts vervielfacht, das ein Ölporträt eines ehemaligen Universitätsrektors, des Psychiaters Hermann Hoffmann, in SA-Uniform zeigt. Das Gemälde, das in der Rektorengalerie der Universität fehlte, war damals bei einer Kellerrenovierung in den Neuen Aula entdeckt worden; der Oberpedell Rudolf Günther, so wird berichtet, habe „das heimliche Abfotografieren"[7] des Bildes erlaubt. Gremlizas Artikel zeitigte zahlreiche heftige

---

[7] Ulrich Herrmann, „Einmischung – Engagement – Partizipation. Die Studentenbewegung vor ‚68' am Beispiel der Universität Tübingen", in: Meike Sophia Baader / Ulrich Herrmann (Hgg.), *68 – Engagierte Jugend und Kritische Pädagogik. Impulse und Folgen eines kulturellen Umbruchs in der Geschichte der Bundesrepublik*, Weinheim / München 2011, 95–128, 112 (= Herrmann, Einmischung).

Abwehrreaktionen, vor allem weil er nicht nur die starke NS-Verwicklung des Tübinger Lehrkörpers, sondern auch zwei politisch belastete Professoren herausstellte, die noch immer an der Universität unterrichteten. Der Jura-Professor Ernst Steindorff beklagte sich, der *Notizen*-Artikel entspreche „haargenau der Art und Weise, wie im Dritten Reich diffamiert wurde", der Politologe Theodor Eschenburg nannte die *Notizen* einen „Misthaufen", „gegen den man nicht anstinken kann"[8], der Dekan der Philosophischen Fakultät, Herbert Wilhelmy, sprach vom „Meinungsterror einer kleinen Gruppe von Pseudo-Journalisten", und der Rektor drohte damit, die Finanzierung der Studentenzeitung einzustellen.[9]

Angesichts solchen Drucks war es kein Wunder, dass sich die AStA-Vorsitzende Christel Lörcher vom Ton der *Notizen* distanzierte. Doch gleichzeitig forderte sie, dass sich die Universität künftig intensiv mit ihrer NS-Vergangenheit auseinandersetzen müsse. Das Rektorat betraute schließlich den Erziehungswissenschaftler Andreas Flitner mit der Organisation einer Ringvorlesung. Die Intentionen, die mit der Vorlesungsreihe verfolgt wurden, waren allerdings gemischt. Wenn es von professoraler Seite hieß, die studentischen Kenntnisse über die NS-Zeit müssten unbedingt verbessert werden, war damit nicht unbedingt die fehlende Aufklärung über universitäre Mittäterschaft gemeint, sondern auch oder gar eher das fehlende Verständnis der Nachgeborenen für die

---

[8] Zit. nach Thomas P. Becker / Ute Schröder (Hgg.), *Die Studentenproteste der 60er Jahre. Archivführer – Chronik – Bibliographie*, Köln u. a. 2000, 62.

[9] Brief von Wilhelmy an die AStA-Vorsitzende Christel Lörcher vom 14.2.1964 (Universitätsarchiv Tübingen 197/9).

Am 17. Oktober 1967, dem 50. Jahrestag der Oktoberrevolution, wehte über der Neuen Aula der Universität Tübingen für kurze Zeit eine rote Fahne. (Foto: Bernd Jürgen Warneken).

Anpassungsbereitschaft der meisten damaligen Akademiker. Doch wie auch immer: Die Tübinger Vorlesungen des Wintersemesters 1964/65, gleich darauf unter dem Titel „Deutsches Geistesleben und Nationalsozialismus" veröffentlicht, gaben den Anstoß zu ähnlichen Veranstaltungen in Westberlin, München, Heidelberg, Bonn, Münster und Marburg. Einen Moment lang erschien Tübingen als eine Hochburg der kritischen Auseinandersetzung mit der NS-Zeit, zumindest was die Universitätsgeschichte betrifft.

Aktion und Moderation

Im Vorfeld der 68er-Bewegung wehte durch Tübingen also ein Hauch von Avantgarde. Glaubt man einem Artikel der *Stuttgarter Zeitung* von 2008, war davon in der Hochphase der Protestbewegung nichts mehr zu spüren:

> Die akademische Szene an der Eberhard-Karls-Universität reagiert fast nur mit provinziellen Reflexen auf die Ereignisse in den Metropolen. […] Tübingen ist eine friedliche Insel. Das galt in den späten sechziger Jahren auch für die studentische Szene. Während andernorts Protestmärsche gegen Bildungsmisere, den Vietnamkrieg oder den ‚Notstand der Demokratie' liefen, fanden am Neckar harmlose Flugblattaktionen statt.[10]

Es wäre in der Tat eine schöne Pointe, wenn man das spöttische Hölderlinwort, die Deutschen seien „tatenarm und gedankenvoll", auf die Tübinger ‚68er*innen' anwenden könnte. Doch sie hält genauerem Hinsehen nicht Stand. Allein für die Zeit zwischen Juli 1965 und Juli 1969

---

[10] Michael Rost, „In Tübingen wird vor allem hingebungsvoll diskutiert", *Stuttgarter Zeitung*, 5.5.2008.

verzeichnet eine von Michael Wischnath erstellte Chronik der Tübinger Protestbewegung[11] mindestens 20 größere Demonstrationen – mit heute verglichen ist das wenig, für damals war es ungewöhnlich viel. Etwa gleich stark vertreten waren dabei innenpolitische Themen wie die Notstandsgesetze, die Hochschul- und Bildungspolitik, die Rolle der Springerpresse, die staatlichen Reaktionen auf die Ermordung von Benno Ohnesorg und internationale Fragen: allen voran der Vietnamkrieg, aber auch die Militärdiktatur in Griechenland, der Einmarsch von Warschauer-Pakt-Staaten in die ČSSR und die Apartheidpolitik in Südafrika. Zudem gab es seit Herbst 1967 sogenannte „Go-ins" in Vorlesungen, in Universitätsgremien, ins Amerika-Haus, in Gottesdienste, es kam zu (schnell) vorübergehenden Besetzungen des Rathauses, des Rektorats, des Luftschutzhilfsdiensts, des Soziologischen Seminars, des Instituts für Politikwissenschaft. Groß war in Tübingen die Unterstützung für Streikaktionen. Im Frühjahr 1968 beschloss eine von etwa 3 000 Studierenden besuchte Vollversammlung einen dreitägigen Vorlesungsstreik gegen die Notstandsgesetze. Und im Juni 1969 erklärten sich 4 771 Studierende für und nur 1 604 gegen einen ‚aktiven Streik' wegen eines neuen, konservativen Landeshochschulgesetzes. Der Streik war kein kurzer Warnstreik, sondern dauerte vom 26. Juni bis zum Vorlesungsende am 12. Juli. Eine Massenbasis hatten die linken Gruppen vor allem in den Geistes- und Sozialwissenschaften einschließlich der Theologie, aber in der Medizinischen und der Mathematisch-Naturwissenschaftlichen Fakultät

[11] Michael Wischnath (Bearb.), *Studentenbewegung und studentischer Protest in Tübingen „1968" – Eine Chronik*, Tübingen 2009.

rumorte es ebenfalls. Bei Auseinandersetzungen unter Chemikern wurde dabei manchmal mit fachspezifischen Waffen gekämpft – mit Buttersäure und Tränengas. Was auch liberale Professoren nachhaltig verärgerte, waren aber vor allem die verbalen Attacken, denen sich etliche von ihnen ausgesetzt sahen. Jürgen Peiffer etwa, 1968/69 Prorektor und 1970/71 Rektor der Universität, monierte in seinen Erinnerungen die „verletzende Form, in der einige Wortführer der Studentenschaft und ihre Mitläufer nun die Auseinandersetzungen bestimmten".[12] Diese Gekränktheit von Professoren war sicher einerseits einer machtgeschützten Empfindlichkeit geschuldet, die jeden spontanen studentischen Einwurf bei einer Vorlesung tendenziell als Störung, ja Beleidigung erlebte. Andererseits gab es tatsächlich heftige verbale Entgleisungen, welche die politische Debatte unnötig vergifteten.

Insgesamt, da hat die *Kleine Tübinger Stadtgeschichte* Recht, „lief in Tübingen vieles ruhiger, überlegter und friedlicher ab als anderswo".[13] Um dies zu erklären, lässt sich auf mehrere Faktoren verweisen. Zum einen standen der studentischen Anhängerschaft der offensiv linken, der ‚radikalen' Protestbewegung an der Tübinger Universität mindestens ebenso starke sozialdemokratische, liberale und vor allem konservative Gruppen gegenüber. Revolutionärer Übermut entwickelte sich leichter in den Metropolen, zum Beispiel in Berlin, wo eine Demonstration gegen den Vietnamkrieg im Februar 1968 auf etwa 15 000 Teilnehmer*innen kam. „[E]s ist außerordentlich schwer",

---

[12] Jürgen Peiffer, *Vergangenheit, gebrochner Spiegel. Erinnerungen*, Tübingen 2000, 196.

[13] Wilfried Setzler / Benigna Schönhagen / Hans-Otto Binder, *Kleine Tübinger Stadtgeschichte*, Tübingen 2006, 204.

so kommentierte Theodor W. Adorno damals treffend, „in der Bewegung eines sehr bestimmten Sektors, der etwas wie Massenbasis vortäuscht, sich das Bewußtsein dessen zu erhalten, wie schmal diese Basis ist".[14] Zum andern bedeutete die relative Überschaubarkeit von Universität und Stadt eine „hohe soziale Kontrolle und Nähe (‚man kennt sich')", die geeignet war, „Konflikten die äußerste Spitze zu nehmen".[15] In vielen Instituten ging es zwar patriarchalisch, aber zugleich relativ familiär zu. Die Studierenden wohnten zumeist bei Tübinger Wirtsleuten zur Untermiete und waren oft Stammkunden der Geschäfte und Kneipen in der Innenstadt. Und nach zwei, drei Demonstrationen kannten die Einsatzleiter der Tübinger Polizei die sogenannten Rädelsführer und kamen mit ihnen ins Gespräch. Es gab Absprachen wie etwa die, dass am Mittwochnachmittag nicht demonstriert werden sollte, weil zu dieser Zeit der bei den Polizisten beliebte Polizeisport stattfand.[16] Dennoch ereigneten sich zuweilen handfeste Zusammenstöße, vor allem wenn auswärtige Polizisten aus Hechingen oder Göppingen eingesetzt wurden.

Es waren aber nicht nur äußere Rahmenbedingungen wie die kleinstädtische Nähe, die mäßigend wirkten. Vertreter beider Seiten bemühten sich immer wieder, Eskalationen zu vermeiden. Das galt auch für die Leitfiguren des Tübinger SDS, der z. B. nach den Osterunruhen 1968, die in München zwei Tote gefordert hatten, eine Kundgebung

---

[14] Elisabeth Lenk (Hg.), *Theodor W. Adorno und Elisabeth Lenk. Briefwechsel 1962–1969*, München 2001, 148 (Brief vom 15.7.1968).

[15] Herrmann, Einmischung, 99.

[16] So der Zeitzeuge Jörg Bohse, vgl. Raimund Weible, „Am Tag des Dienstsports legen die Rebellen eine Pause ein", *Schwäbisches Tagblatt*, 20.6.2008.

abhielt, bei der er Gewalt gegen Personen ablehnte und den eigenen Leuten eine bessere Gewaltprävention abforderte. Der örtliche Polizeipräsident Karl Heuer wiederum fuhr ebenfalls keine harte Linie, und die Tübinger Rektoren dieser Jahre begegneten, zum Ärger mancher Ordinarien, den Protesten nicht unnachgiebig, sondern suchten zu schlichten, was viele auf der studentischen Linken durchaus zu honorieren wussten.

In der Hochzeit der Revolte amtierte der Jurist Ludwig Raiser als Rektor. Er profilierte sich immer wieder als Vermittler, etwa indem er die harten erstinstanzlichen Urteile gegen einige Tübinger Straßenblockierer kritisierte und sich ihnen als Strafverteidiger anbot. Dennoch drangen im Januar 1969 etwa 150 Leute ins Rektorat vor. Der Aktion war ein heftiger Polizeieinsatz in den Räumen des AStA an der Universität Heidelberg vorausgegangen, bei dem mehrere Studierende verletzt worden waren. Die Okkupanten wollten Raiser nun eine Distanzierung von seinem Heidelberger Kollegen abringen, der von diesem Polizeieinsatz gewusst hatte. Raiser sah das Vorgehen gegen die Heidelberger Studierendenvertretung zwar kritisch, wollte aber erst nach Räumung seines Amtszimmers Stellung nehmen. Die Aktivisten standen daraufhin etwas verlegen herum, es war eng und heiß, ein Student brachte dem Rektor eine Cola, die Presse meldete später „viel Heiterkeit auf beiden Seiten.“[17] Keiner der Universitätsvertreter rief die Polizei. Oberpedell Rudolf Günther ermahnte die ins Rektorat Vordringenden lediglich, mit dem Mobiliar pfleglich umzugehen – es sei schließlich „Volkseigentum“.[18] Die

[17] „Das Rektorat besetzt“, *Schwäbisches Tagblatt*, 14.1.1969.
[18] Zit. nach Herrmann, Einmischung, 117.

Studierenden hielten sich daran. Nach drei Stunden zogen sie ab, nachdem sie mit Raiser ein anschließendes Teach-in im Festsaal verabredet hatten.

Studentische Bemühungen um die Arbeiterschaft

Bei großen Teilen der Tübinger Bevölkerung stießen die Studierendenproteste auf Unverständnis bis hin zu strikter Ablehnung. Des Öfteren versuchten AStA und SDS, diese Kluft z. B. mit Flugblättern oder mit Diskussionsveranstaltungen zu verkleinern. Besonders bemühten sich die neuen Linken auch in Tübingen um die Arbeiterschaft, nach Meinung vieler ‚68er*innen' noch immer das „revolutionäre Subjekt". Zum ersten Mal standen am 5. März 1968 frühmorgens 25 bis 30 Studierende mit Flugblättern unter anderem vor den Montanwerken Walter, der Waschmaschinenfabrik Zanker, dem Geschirrhersteller Braun und Kemmler, der Lustnauer Frottierweberei und dem Rottenburger Fouquet-Werk.[19] In einem Flugblatt appellieren sie an die Belegschaften, doch bitte zu erkennen, dass der „Kampf für eine bessere und demokratische Universität" auch in ihrem Interesse liege. Es beginnt mit einem familiären „Liebe Kolleginnen und Kollegen!".[20] Die Anrede sucht also keck die soziale Kluft zu überspringen, welche die akademischen Agitatoren und ihre Adressaten trennte: Nur etwa 5 Prozent der Studierenden waren Arbeiterkinder, die Berührungspunkte im Alltag waren gering, die nicht nur gefühlten Interessenunterschiede groß. Gleich

---

[19] „Aktion im Morgengrauen", *Schwäbisches Tagblatt*, 6.3.1968. (Aktion im Morgengrauen)

[20] Universitätsarchiv Tübingen S4/152.

nach der vertraulichen Eröffnung zeigten die Flugblattverfasser sich dieser Fremdheit durchaus bewusst. Sie sprechen von der Privilegiertheit der Akademiker und über das bürgerliche Zerrbild des „dummen Proletariers". Dann verfallen sie aber doch in einen einigermaßen elitären Gestus: „Wir Studenten haben aufgrund unserer bevorzugten Stellung die Zeit, uns über die Hintergründe und Zusammenhänge gesellschaftspolitischer Vorgänge zu informieren." Die Arbeiter demnach nicht. Sie erscheinen zwar nicht als dumm, aber als wenig oder falsch informiert, mithin müssen sie von den Studierenden aufgeklärt werden – in diesem Fall darüber, dass die gegenwärtige universitäre Forschung und Lehre „von Interessen der Herrschenden abhängig" sei und deshalb „die bestehenden Machtverhältnisse unterstützt." Man formuliert also marxistisch, aber verständlich. Manieriertes „Soziologendeutsch", das man den ‚68ern' gern vorgeworfen hat, findet sich in diesem Aufruf nicht – so wie man überhaupt beim Durchsehen von Tübinger Flugblattbeständen zu einem ähnlichen Eindruck kommt wie der Linguist Siegfried Jäger, der 1970 schreibt: „Die junge studentische Linke ist offenbar bemüht, ihren wissenschaftlich geprägten Sprachstil dort abzubauen, wo er dazu führt, dass man ihre Anliegen nicht versteht."[21]

Der Erfolg der studentischen Morgenaktion wurde unterschiedlich beurteilt. Der Mitunterzeichner Joachim Krüger, damals Landtagskandidat der kleinen Partei *Demokratische Linke*, äußerte sich nicht unzufrieden: In einem Betrieb seien die Flugblattverteiler zwar „angepöbelt"

---

[21] Siegfried Jäger: „Linke Wörter. Einige Bemerkungen zur Sprache der APO", in: *Muttersprache* 80 (1970), 85–107.

worden, anderswo jedoch hätten Betriebsräte gesagt, die Studenten sollten „so weitermachen". Das lokale *Schwäbische Tagblatt* sah es ein wenig anders; nur in einem Betrieb habe man das Flugblatt positiv aufgenommen: „Daß die Studenten so früh auf den Beinen waren, habe Eindruck gemacht." In den anderen Firmen habe man es gelesen und weggelegt. Widersprochen worden sei vor allem der studentischen Anprangerung „niedriger Löhne". Schließlich würden selbst Ungelernte heute so viel verdienen wie vor 20 Jahren ein Meister.[22] Man kann fragen, ob eine solche Lohnzufriedenheit damals wirklich verbreitet war. Aber dass es Industriearbeiter gab, welche das studentische Mitleid als beleidigend empfanden, ist belegt. So wurde die Anekdote von dem Tübinger SDSler kolportiert, der einem Arbeiter erklärte, er sei „ausgebeutet" – worauf ihm dieser eine Ohrfeige verpasst habe.[23]

In den Monaten danach verstärkte sich das studentische Werben um die Arbeiterschaft, vor allem natürlich in den Industriezentren. Anders als in Frankreich und in Italien kam ein Bündnis von Studierenden- und Arbeiterbewegung in der Bundesrepublik aber bekanntlich nicht zustande. Kleine Annäherungen gab es jedoch schon – auch in Tübingen. So sah der Marktplatz am 1. Mai 1970 eine gemeinsame Kundgebung von gewerkschaftsnahen Studentengruppen, Jungsozialisten und linken Gewerkschaftlern. Hauptredner war Rudolf Günther von der ÖTV. Es war zudem nicht folgenlos, dass damals etliche Studierende zu Agitationszwecken in der Fabrik jobbten. Zwar scheiterten sie bekanntlich bei dem Versuch,

---

[22] Aktion im Morgengrauen, s. Fn. 19.

[23] Mitteilung von Franz-Hubert Robling.

die Arbeiterschaft den Aufstand zu lehren, aber sie selbst lernten beim Verlassen der akademischen Komfortzone vielfach dazu. Und es entstand unter dem Einfluss der Studierendenproteste eine gar nicht so marginale örtliche Lehrlingsbewegung. Ihr bleibendes Ergebnis ist das 1972 durchgesetzte Jugendzentrum *Epplehaus*.

Die Beteiligung der Frauen

Die Initiative zur Ringvorlesung über die NS-Wissenschaft im Winter 1964/65 ging, wie erwähnt, von Christel Lörcher (später Christel Pache) aus, der ersten Frau, die einem Tübinger AStA vorsaß. (Die erste AStA-Vorsitzende der FU Berlin, Sigrid Fronius, kam erst 1968 ins Amt.) Sie war nicht die einzige, die damals eine leitende Funktion in der Tübinger Studierendenpolitik innehatte. Zwischen 1961 und 1965 gab es mit Almut Bayne, Ina Becker, Almuth Berking, Jutta Vorwerk und Doris Weischedel fünf Frauen im Tübinger SDS-Vorstand. Das änderte sich in der Hochphase der Protestbewegung. Um ‚1968 herum waren Führungs- oder Sprecherrollen im SDS und in den anderen politischen Studierendengruppen nur äußerst selten mit Frauen besetzt. Im 31-köpfigen Studentenparlament vom Mai 1969 fand sich keine einzige Frau, in dem vom November 1969 waren es gerade einmal drei von 33. Und in den Berichten des *Schwäbischen Tagblatts* über die Tübinger Studierendenbewegung wurden fast ausnahmslos Männer erwähnt. Schaut man sich aber Zeitungsfotos von Demonstrationen, Kundgebungen oder Sit-ins an, sieht es ein wenig anders aus. Von Anfang 1968 an kann man dort einen Gutteil an weiblichen Teilnehmern entdecken. Ein Foto von einer der militantesten Tübinger Aktionen zum Beispiel zeigt Besetzer und Besetzerinnen eines Büros des Luftschutzhilfsdienstes in der Wilhelmstraße. Etwa ein Fünftel der abgebildeten Personen sind Frauen. Der Frauenanteil an den westdeutschen Studierenden betrug 1965 22,5 Prozent und stieg bis 1970 auf 30 Prozent an. Studentinnen waren demnach bei dieser Bürobesetzung nicht unterrepräsentiert.

Es ist jedoch erklärlich, warum die Lokalzeitung fast nur männlichen Aktivisten Aufmerksamkeit schenkte. In den Rückblicken von Zeitzeuginnen ist des Öfteren davon die Rede, dass die Partizipation von Frauen im SDS zugleich gefördert und begrenzt worden sei. Es sei dort egalitärer zugegangen als in der Umgebungsgesellschaft, aber eben doch nicht egalitär. Genossinnen seien den Genossen willkommen gewesen, allerdings habe man ihnen nur selten einen Platz in der ersten Reihe eingeräumt. Neben mehr oder weniger subtiler Frauenunterdrückung und Frauenunterschätzung spielte dabei gewiss die Selbstbescheidung vieler damaliger Studentinnen eine Rolle. Diese Hemmfaktoren verschärften sich, als sich die öffentlichen Auftritte von Linken vermehrten und es darum ging, nicht nur im kleinen Kreis, sondern in Vollversammlungen oder auf Kundgebungen das Wort zu ergreifen. Erst allmählich änderten sich die Verhältnisse auch in Tübingen, zuerst mit der Kinderladenbewegung seit Frühjahr 1968. Am 4. Dezember 1971 verzeichnete die Stadtgeschichte die erste von Frauen und für Frauen organisierte Marktplatzkundgebung. Sie galt der Abschaffung des § 218.

Lesen, lesen, lesen

Im öffentlichen und vor allem im massenmedialen Gedächtnis erscheint die ‚68er'-Zeit weithin als eine Zeit der Unruhen. Doch waren es gar nicht einmal die ausgiebig bebilderten und oft erzählten Straßenaktionen und Go-ins, welche das historisch Besondere der Studierendenbewegung ausmachten. Dem Spezifikum dieser Jahre kommt man viel näher, wenn man sie als Zeit einer ungeheuren geistigen Unruhe sieht. Das äußerte sich nicht zuletzt in einer großen Lesewut oder besser Leselust. „Jeder hat gelesen, gelesen, gelesen, auch ich", erinnert sich 2008 der Tübinger ‚68er' Wolfgang Urban, zu dieser Zeit Leiter des Diözesanmuseums Rottenburg. „Eine außerinstitutionelle Bildungsbewegung wie damals, eine solche allgemeine Belesenheit habe ich nie wieder erlebt."[24]

Zum exzessiven Lesen kam der intensive Austausch über das Gelesene. Nächtelange Diskussionen waren ein wesentliches Medium dieses Aufbruchs. Das Interesse galt hierbei in Tübingen wie anderswo nicht nur Publikationen der Neuen Linken, Zeitschriften wie die *Neue Kritik*, *Das Argument*, das *Kursbuch*, Büchern von Frantz Fanon, Bahman Nirumand, Herbert Marcuse, Wolfgang Fritz Haug; es waren auch soziologische, kulturanalytische, psychoanalytische Texte älterer, im Nationalsozialismus verfemter Autoren, die nun aus dem Exil zurückgeholt wurden: so etwa Aufsätze aus der *Zeitschrift für Sozialforschung*, Werke von Karl Korsch, Georg Lukács, Otto Rühle, von Sigmund Freud und von Wilhelm Reich, dem

[24] „Revolte als Bildungserlebnis", *Schwäbisches Tagblatt*, 29.8.2008.

Linksaußen der Psychoanalyse, und natürlich die Bücher des seit 1961 in Tübingen lehrenden Ernst Bloch, vom frühen *Geist der Utopie* bis zum späten *Atheismus im Christentum*.

Die jahrhundertelang protestantisch geprägte Universitätsstadt war immer eine Stadt des geschriebenen und gedruckten Wortes gewesen. Und sie besaß immer, neben Buchhandlungen, ihre eigenen Druckereien und Verlage. Das lokale Buchgewerbe profitierte nun von der Schriftbegeisterung der neulinken Protestanten und Protestierer. Es musste allerdings einige Kröten schlucken. Einen guten Teil des Geschäfts machten nämlich neu entstandene linke Buchhandlungen. Zudem litten die etablierten Buchläden unter vermehrtem Bücherklau. Der traf freilich nicht alle gleichmäßig. Bei Gastl in der Neuen Straße zu stehlen, war politisch inkorrekt; schließlich waren die beiden Inhaberinnen gute Bekannte von Ernst Bloch, der dort des Öfteren rauchend und raunend in einem Sessel saß. Osiander, den größten örtlichen Buchhändler, zu beklauen, galt vielen dagegen nicht als unmoralische, sondern als antikapitalistische Tat. Ärgerlich für den eingesessenen Tübinger Buchhandel war überdies, dass die Nachfrage nach gesellschaftskritischer Literatur zu einem guten Teil durch Raubdrucke befriedigt wurde. Manche davon wurden in Tübingen hergestellt. Auch der Verlag J. C. B. Mohr / Paul Siebeck war davon betroffen. Einmal schickte er deshalb die Kriminalpolizei zwecks Hausdurchsuchung in den nur wenige Häuser entfernten AStA.

Ihre Leseentdeckungen dienten den ‚68er*innen' nicht nur zur allgemeinen politischen Bildung. Sie wurden zudem in die einzelwissenschaftlichen Diskurse eingebracht, vor allem natürlich in den Geistes- und

Sozialwissenschaften. Diese Bemühungen verbanden sich mit einem Kampf um mehr Mitbestimmung in Lehre und Forschung, um die Drittelparität von Professoren, Mittelbau und Studierenden in universitären Gremien. Exemplarisch zeigte sich das bei dem großen Streik im Sommer 1969 gegen das neue, auch liberale Kräfte enttäuschende Landeshochschulgesetz. Er war ein ‚aktiver Streik', bei dem in zahlreichen studentischen Arbeitskreisen und in freien Tutorien eine alternative Wissenschaft erprobt wurde. Erklärbar ist die Intensität, mit der sich die Studierenden damals mit Inhalt und Organisation von Lehre und Forschung befassten, nicht zuletzt mit dem hohen Stellenwert, den die Universität als Soziotop, als Arbeits-, Treff- und Lebensort der Studierenden zu dieser Zeit hatte. Hinzu kam die große Wertschätzung von Wissenschaft nicht nur beim bildungsbürgerlichen Nachwuchs, sondern insbesondere bei Bildungsaufsteigern – oft verbunden mit der damals noch realistischeren Hoffnung, nach dem Examen in der Wissenschaft bleiben zu können.

Wie anderswo erfuhr die Protestbewegung in Tübingen nach den großen, als gescheitert erlebten Kampagnen gegen die Notstandsgesetze und gegen den Springerkonzern einen Bruch. Zum einen entwickelte sich der bisherige linke Pluralismus zu einer Spaltung in verfeindete Untergruppen weiter – Antiautoritäre, Maoisten, Revisionisten, Jungsozialisten, die intern wiederum gespalten waren. Ein Teil der ‚68er*innen' driftete in einen linksradikalen Dogmatismus ab. Zum andern verlagerte sich in vielen Gruppen das Engagement zumindest graduell von der Allgemeinpolitik auf die Hochschul- und Wissenschaftspolitik.

Folgen – eine Skizze

Was hat dieser inneruniversitäre Aufbruch in Tübingen erreicht? Eine Antwort hierauf setzt eine Bestandsaufnahme voraus, die bisher nicht im Ansatz geleistet worden ist – weder für kurzfristige noch gar für nachhaltige Veränderungen, die direkt oder indirekt, großenteils oder partiell mit dem ‚68er'-Aufbruch zusammenhingen. Folgende Beobachtungen mögen als erste Hypothesen dienen.

Einige nachhaltige disziplinäre Veränderungen scheinen auf der Hand zu liegen. Der Aufschwung der Sozialpädagogik, der Sozialpsychologie, der Sozialgeschichte war zu einem nicht geringen Teil ein Erfolg der Wissenschaftskritik, die von der Studierendenbewegung betrieben wurde. Und dass sich die Tübinger Volkskunde 1972 zur Empirischen Kulturwissenschaft umhäutete, ist ganz unmittelbar eine Folge von ‚1968'. Auch die Germanistik erlebte in diesen Jahren grundlegende Innovationen. Der Ruf nach einer mehrfachen Erweiterung des Kanons und einer sozialhistorisch und soziologisch ausgerichteten Literaturanalyse erreichte die Tübinger Literaturwissenschaft schnell. Wichtig war dabei, dass die Forderungen der Studierenden von einigen Lehrenden unterstützt oder zumindest toleriert wurden. Bei den Ordinarien waren es zum Beispiel Walter Jens, Klaus Ziegler und Hermann Bausinger, Volkskundler mit germanistischem Hintergrund. Und etliche Gesprächspartner, ja Mitstreiter für die studentischen Postulate fanden sich unter den Akademischen Räten und Assistenten. Dazu gehörten Jürgen Brummack, Jürgen Hauff, Bernd Hüppauf, Lothar Köhn, Klaus-Detlef Müller, Klaus-Peter Philippi, Dieter Schmidt. Und die Reformimpulse versandeten auch nicht schnell wieder, sondern wirkten im baden-württembergischen Deutschunterricht ebenso wie in der Tübinger Literaturwissenschaft weiter. Dass das Neuphilologikum seit seiner Fertigstellung 1974 erst informell, später sogar formell als Brechtbau firmiert, war kein reiner Etikettenschwindel, schon weil dort dann tatsächlich intensiv über Brecht geforscht wurde.

Wenig und zudem meist nur transitorischen Erfolg hatten dagegen die Forderungen der ‚68er*innen' nach einer Demokratisierung der Hochschulen. Die sogenannte Ordinarienuniversität blieb bekanntlich im Wesentlichen bestehen. Immerhin gab es kleine Veränderungen. So waren in Tübingen seit 1970 auch nichtwissenschaftliche Bedienstete im Großen Senat vertreten. Durchgesetzt hatte das nicht zuletzt Rudolf Günther, der gern für seine Schlichterrolle zwischen Professoren und Studierenden gelobt, an dessen Rolle als kämpferischer Gewerkschafter aber weit weniger erinnert wird. Amüsiert berichtete Günther über eine Sitzung des Großen Senats von 1970:

> Als echten Fremdkörper betrachtete man die Gruppe der Bediensteten, die nun gleichberechtigt mit im Plenum saß […]. Ein gelinder Schreck gesellte sich zum Unbehagen, als die Bediensteten auch noch die Fröhlichkeit besaßen, aus ihrer Mitte einen Kandidaten für die Wahl zum stellvertretenden Vorsitzenden […] vorzuschlagen. Mit dem Aufschrei eines Vertreters der Traditionsbewußten: ‚Nichts gegen die Person des Kandidaten, aber das ist ein akademisches Gremium!' war der ganze Jammer spürbar geworden, von dem solche liebenswerten Gemüter geschüttelt wurden bei dem Gedanken, sie könnten fortan nicht mehr unangefochten selbst bestimmen, wie Wissenschaft – vom Volke finanziert – zur Pfründe weniger Privilegierter umgewandelt wird.[25]

[25] „Gedenkblatt für Rudolf Günther. Aus den Aufzeichnungen

Was krachend scheiterte, war die Forderung nach Drittelparität. Sie wurde damals nicht nur von Studierenden, sondern auch von vielen Assistenten und etlichen liberalen Professoren erhoben. Das Stuttgarter Kultusministerium stellte sich jedoch strikt dagegen und im Mai 1973 erklärte Karlsruhe sie für verfassungswidrig: Bei allen Entscheidungen über Fragen von Forschung und Lehre müssten „eigentliche Hochschullehrer" die Mehrheit haben. Mehrere Bundesländer waren daraufhin gezwungen, ihre schon beschlossenen Hochschulreformen zu revidieren. Was blieb, war die mehr oder weniger drittelparitätische Besetzung einiger Institutsräte.

Blickt man auf die Gesamtgesellschaft, haben sich die ‚68er'-Forderungen nach einer umfassenden „Basisdemokratie" zwar, wie man weiß, nicht durchgesetzt. Aber es gab doch Veränderungen etwa bei der betrieblichen Mitbestimmung und bei der bürgerschaftlichen Partizipation. In Stadt und Land bildeten sich außerhalb von Parteien und Verbänden gleich nach ‚1968' zahlreiche lokalpolitisch engagierte Initiativen. Aktionsformen wie die Protestdemonstration oder die Straßenblockade wurden zunehmend auch in bürgerlichen Kreisen akzeptiert und praktiziert. In dieser Entwicklung befand sich Tübingen wiederum an vorderer Stelle. Bald nach ‚1968' entstanden hier mehrere Bürgerinitiativen: zuerst 1969 gegen den Abriss des Palmenhauses im Alten Botanischen Garten, 1970 gegen die Pläne zu einem Großflughafen im Schönbuch, 1971 und 1972 gegen zunehmenden Lärm

---

eines unvergessenen Oberpedellen", in: *500 Jahre Eberhard-Karls-Universität Tübingen. Eine Sonderbeilage der Südwest Presse*, 7.10. 1977, 24–26, hier 26.

und Autoverkehr in der Altstadt, 1972 gegen den Bau eines Geschäftshauses an der Neckarbrücke. Was das Tübinger Kulturleben im engeren Sinn angeht, so öffneten sich zum einen bestehende Institutionen wie etwa das Zimmertheater und insbesondere das Landestheater Tübingen, deutlich und längerfristig den ‚68er'-Impulsen. Zum andern entstanden Stützpunkte der Protest- und Alternativkultur, die noch heute existieren: außer dem schon erwähnten Jugendzentrum Epplehaus der Club Voltaire, der 1975 sein erstes großes Folkfestival durchführte, oder das Programmkino *Arsenal*. Und etliche Tübinger Gruppen setzten die Protestbewegung mutatis mutandis fort: als Jungsozialisten in der SPD, im Rahmen von ML-Gruppen oder im Umfeld der DKP, in themenzentrierten Gruppierungen wie dem Aktionszentrum Arme Welt oder dem *Verein für Friedenspädagogik*. Die neue Alternativkultur, die Ökobewegung, die Friedensbewegung der siebziger und achtziger Jahre, umfasste auch in Tübingen weit mehr Aktivist*innen und weit mehr Bevölkerungsgruppen als die ‚68er'-Revolte. Die wichtigste Grundlagen dafür waren die enorme Vermehrung der Tübinger Studierenden sowie der Schüler*innen an weiterführenden Schulen, dazu natürlich der Einfluss von ehemaligen ‚68er*innen' in Schule und Hochschule und vielen anderen Berufsfeldern. Man kann also resümieren: Hatten Tübinger Linke und Linksliberale zu den Vorbereitern von ‚1968' gehört, so wurde Tübingen nach ‚1968' ein hot spot der Neuen Sozialen Bewegungen, in denen sich viele ehemalige ‚68er*innen' einfanden.

Zweifellos hatte die Studierendenbewegung problematische, dogmatische, ultraradikale Weiterungen bis hin zum Terrorismus der RAF. Festzuhalten ist aber auch an ihren zahlreichen produktiven Anstößen und Folgen, und für sie ist Tübingen ein gutes Beispiel.

Ausgewählte Literatur

Becker, Thomas P./Schröder, Ute (Hgg.), *Die Studentenproteste der 60er Jahre. Archivführer – Chronik – Bibliographie*, Köln u.a. 2000.

Flitner, Andreas (Hg.), *Deutsches Geistesleben und Nationalsozialismus. Eine Vortragsreihe der Universität Tübingen*, Tübingen 1965.

Frevert, Ute, „Umbruch der Geschlechterverhältnisse?", in: Axel Schildt/Detlef Siegfried/Karl Christian Lammers (Hgg.), *Dynamische Zeiten. Die 60er Jahre in den beiden deutschen Gesellschaften*, Hamburg 2000, 642–660.

Herrmann, Ulrich, „Einmischung – Engagement – Partizipation. Die Studentenbewegung vor ‚68' am Beispiel der Universität Tübingen", in: Meike Sophia Baader/Ulrich Herrmann (Hgg.), *68 – Engagierte Jugend und Kritische Pädagogik. Impulse und Folgen eines kulturellen Umbruchs in der Geschichte der Bundesrepublik*, Weinheim/München 2011, 95–128.

Huber, Gabriele, *Straßenkampf und Kinderladen. Die Achtundsechziger in Tübingen. 15 Gespräche mit Zeitzeugen*, Tübingen 2016.

Ingendahl, Gesa/Ratzeburg, Wiebke (Hgg.), *Protest! Stricken, Besetzen, Blockieren in den 1970/80er Jahren. Eine Interventionsausstellung im Stadtmuseum Tübingen*, Tübingen 2015.

Jäger, Siegfried: „Linke Wörter. Einige Bemerkungen zur Sprache der APO", in: Muttersprache, 80. Jg. 1970, 85–107.

Jeggle, Utz: „Motor mit Leerlauf. Kleine Geschichte der hiesigen Bürgerinitiativen", in: *Tübinger Blätter*, 59. Jg. 1972, 13–18.

Kuckenburg, Michael/Setzler, Wilfried/Warneken Bernd Jürgen (Hgg.), *Tübinger Revolten: 1848 und 1968*. Begleitband zur gleichnamigen Ausstellung im Stadtmuseum Tübingen, 2.3. bis 3.6.2018, Tübingen 2018.

Lenk, Elisabeth (Hg.), *Theodor W. Adorno und Elisabeth Lenk. Briefwechsel 1962–1969*, München 2001.

Lotterer, Regine, *Die Studentenbewegung in Tübingen von 1967 bis 1970. Zwischen antiautoritärem Protest und kommunistischer Kaderorganisation,* unveröff. Magisterarbeit am Seminar für Zeitgeschichte der Universität Tübingen, 1995.

Mosler, Peter, *Was wir wollten, was wir wurden. Zeugnisse der Studentenrevolte*, Reinbek b. Hamburg 1977.

Münz-Koenen, Inge, „Bilderflut und Lesewut. Die imaginären Welten der Achtundsechziger", in: Rainer Rosenberg / Inge Münz-Koenen / Petra Boden unter Mitarbeit von Gabriele Gast (Hgg.), *Der Geist der Unruhe. 1968 im Vergleich. Wissenschaft – Literatur – Medien*, Berlin 2000, 83–96.

Peiffer, Jürgen, *Vergangenheit, gebrochner Spiegel. Erinnerungen*, Tübingen 2000.

Setzler, Wilfried / Schönhagen, Benigna / Binder, Hans-Otto: *Kleine Tübinger Stadtgeschichte,* Tübingen 2006.

Warneken, Bernd Jürgen, *Mein 68 begann 65. Eine Tübinger Retrospektive*, Tübingen 2018, (= Warneken, Mein 68).

Wischnath, Michael (Bearb.), *Studentenbewegung und studentischer Protest in Tübingen „1968" – Eine Chronik*, Tübingen 2009. Dateien: Irmela Bauer-Klöden. (http://www.ub-archiv.uni-tuebingen.de/w514/w514fram.htm – 14.12.2018).

„Let the Sunshine In“

Das Musical „Hair“ und die Politik der Popmusik

Horst Tonn

Das hatte niemand vorhergesehen. Als das Rock-Musical „Hair“ im April 1968 im renommierten Biltmore-Theater am Broadway Premiere hatte, dachte wohl kaum jemand, dass es ein derart überwältigender Erfolg werden würde. Selbst der Regisseur Tom O'Horgan rechnete eher damit, dass „Hair“ eine kurzlebige Provokation bleiben würde: „When we first went up to Broadway I thought we'd be there for about twelve seconds. I looked on it as a kind of sit-in. We were just gonna go up and make a protest in the middle of this plaster palace, and then they'd dismiss us and we'd go.“[1] Aus den 12 Sekunden, die O'Horgan sich seinerzeit vorstellen konnte, sind inzwischen mehr als fünf Jahrzehnte geworden, in denen „Hair“ seinen Platz als eines der bemerkenswertesten Pop-Ereignisse der Nachkriegszeit behauptet hat. Die Authentizität und emotionale Kraft, die viele Beobachter der Erstaufführung zugeschrieben haben, ist zweifellos oft professioneller Routine und kommerzieller Normierung gewichen.[2] Die

---

[1] Zitiert nach Stephen J. Bottoms, *Playing Underground*, Ann Arbor 2006, 211.

[2] Zur Rezeption der Erstaufführung siehe Barbara Lee Horn, *The Age of Hair*, New York 1991, 97–110.

Musik hat sich unweigerlich ein Stück in den endlosen Zyklen der kulturindustriellen Wiederverwertung aufgerieben, und viele der einst radikalen Botschaften von „Hair“ sind inzwischen zu Gemeinplätzen einer arrivierten Öko- und „New Age“-Bewegung geworden.

Und dennoch, trotz aller Profitorientierung und kommerzieller Vermarktungsstrategien bleibt „Hair“ ein eindrucksvolles Beispiel für die gelungene Verbindung von Pop und Politik. Mit seinem Titelthema Haare und der indigenen Vorstellung des *tribe* als Gesellschaftsmodell prägt das Musical eindringliche Kollektiv-Symbole, die für individuelle Freiheit, Gleichheit und Solidarität stehen. „Hair“ wirbt für Liebe im Sinne einer empathischen Welthaltung beziehungsweise im Sinne einer politischen Emotion, wie sie Martha C. Nussbaum beschrieben hat. Das Stück schafft eine imaginierte Gemeinschaft von Schauspielern und Publikum, die durch eine „Vorstellung von einem wertvollen Leben verbunden sind.“[3] Auf der Bühne überzeugt es durch ungeheure Spielfreude, authentischen Ausdruck und radikalen Nonkonformismus. „Hair“ verkörpert den rebellischen Geist der 1960er Jahre ebenso wie die utopische Fantasie, die nach Perspektiven für das gute, richtige Leben suchte. Das Musical wendet sich leidenschaftlich gegen Krieg, Rassismus, Umweltzerstörung und Unterdrückung jeglicher Art. Es zieht eine mehr als düstere Bilanz der kapitalistischen Moderne und stellt ihr einen Möglichkeitshorizont von befreiter Individualität und solidarischer Gemeinschaftlichkeit gegenüber.

Mit Witz, Leidenschaft und Phantasie hat „Hair“ die subversive Kraft der Gegenkultur gestärkt und sie gleichzeitig

---

[3] Martha C. Nussbaum, *Politische Emotionen*, Berlin 2016, 26.

für ein *mainstream*-Publikum goutierbar gemacht. „Hair“ findet einen von vielen als authentisch wahrgenommenen Ausdruck für die Ambivalenzen der sechziger Jahre, die zwischen den Außenpositionen Utopie und Apokalypse oszillierten. Das Musical ist Teil dessen, was Raymond Williams als eine emergente kulturelle Formation bezeichnet hat. Gemeint sind damit kulturelle Prozesse, bei denen „new meanings and values, new practices, new relationships and kinds of relationship are continually being created.“[4] Diese neue kulturelle Formation wird auf vier Ebenen sichtbar:

1. „Hair“ entsteht aus dem *sozialen Milieu* der Beat-Generation, der Hippie-Kultur und der vielfältigen Protestbewegungen der sechziger Jahre.
2. Das Musical artikuliert eine *politische Agenda*, die an die Neue Linke, die Bürgerrechtsbewegung, die Frauenbewegung und die Friedensbewegung anschließt.
3. Erkennbar ist ein *Wertehorizont*, der sich als postmaterialistisch, ökologisch, individualistisch, egalitär, empathisch umschreiben lässt.
4. „Hair“ ist eingebettet in eine *ästhetische Praxis*, die sich zum einen der Innovationskraft des Off-Off-Broadway-Theaters verdankt und die zum anderen die Popkultur der Hippie-Generation (Rock-Musik, Mode, Schmuck, Haare etc.) aufgreift.

Die Protestbewegungen der sechziger Jahre brachten ihre Weltanschauungen nicht nur durch Demonstrationen, Teach-Ins und Flugblätter zum Ausdruck, sondern auch durch Rock ’n’ Roll und andere populärkulturelle

---

[4] Raymond Williams, *Marxism and Literature*, Oxford 1977, 123.

Ausdrucksformen. Die Wirkmacht von 1968 wird am ehesten sichtbar, wenn wir den Blick auf die politische Kultur lenken, also den Handlungsraum, in dem kollektiv relevante Werte, Einstellungen und Handlungsmuster verhandelt und gegebenenfalls neu definiert werden. Ulrich Beck sieht seit den sechziger Jahren das Entstehen einer neuen politischen Kultur, die dezentralisiert agiert und den Handlungsbereich des Politischen entgrenzt. Politik wächst über ihre klassischen Handlungsfelder hinaus und verlagert sich in unterschiedliche „Teilarenen kultureller und sozialer Subpolitik."[5] Und, so möchte man hinzufügen, die Popkultur ist eine dieser Teilarenen, die in Prozesse der politischen Meinungsbildung hineinwirkt. Das kann sie auch deshalb besonders gut, weil die Vorstellung dessen, was als politisch gelten kann, radikal erweitert wird bis in die intimsten und persönlichsten Lebensbereiche hinein. „Das Private ist politisch" ist schließlich eine der zentralen Losungen der Protestbewegungen der sechziger Jahre.

Und in diesem Rahmen hat auch die Musik ihre kulturelle Funktion. Musik kann gemeinschaftsstiftend wirken, kollektive Gefühle bestärken und auf diese Weise politisch wirken: „[It] is music's ability to reach the whole person, emotions, body and mind that brings within a shared community that sense of social well-being that enables music to play a role in movements of peace, conflict resolution and social justice."[6] Nancy S. Love argumentiert, dass Musik die semantischen Grenzen sprachlicher Kommunikation

---

[5] Ulrich Beck, *Risikogesellschaft*, Frankfurt am Main 1986, 322.

[6] Lee Higgins/Lee Willingham, *Engaging in Community Music*, New York 2017, 92.

überschreitet und dadurch eine weitergehende Auseinandersetzung mit gelebter Erfahrung, Weltanschauungen und Wertvorstellungen ermöglicht.[7] Musikalisch liegt „Hair", das erste Rock-Musical, zwischen dem Monterey Pop Festival und Woodstock und zwischen den vielleicht wichtigsten Alben der Beatles, „Sgt. Pepper's Lonely Hearts Club Band" (1967) und dem legendären „White Album" (1968). Jimi Hendrix hatte gerade mit seiner Version des „Star-Spangled Banner" Aufsehen erregt und die Rolling Stones provozierten mit „Sympathy for the Devil." Janis Joplin, Bob Dylan, Aretha Franklin, Ginger Baker neben vielen anderen dominierten die Hitparaden und die Musikprogramme der Radiostationen.[8] „Hair" erreichte zur gleichen Zeit im altehrwürdigen Biltmore-Theater ein Massenpublikum, ohne sich selbst aufzugeben. Böse Zungen behaupteten zwar, dass das Musical hauptsächlich für Touristen und Eltern gemacht war, aber das scheint arg verkürzt zu sein. „Hair" verbindet die Ästhetik und Weltsicht der Hippie-Generation mit einer fulminanten Kritik der kapitalistischen Moderne mit ihrer Fixierung auf Technologie, Optimierung und Zweckrationalität. Das Musical schafft so einen gemeinsamen Kommunikationsraum für verschiedene gesellschaftliche Milieus.

Die Vorgeschichte von „Hair"

Das Rock-Musical „Hair" ist zweifellos eines der bemerkenswertesten Musik-Ereignisse der sechziger Jahre.

---

[7] Siehe Nancy S. Love, *Musical Democracy*, Albany 2006, 14.

[8] Siehe dazu Charles Kaiser, *1968 in America*, New York 1988, 190–214 und Lothar Röse, *Rock und Zeit*, Duisburg 2018, 18–29.

Und das nicht nur, weil es ein Riesenpublikumserfolg war und noch im gleichen Jahr in vielen Metropolen der USA, in Europa und Australien auf die Bühne gebracht wurde. „Hair" reagierte geradezu seismographisch auf die Paradoxien, Konfliktlinien und Sinnkrisen der sechziger Jahre. Es konfrontierte die USA mit seiner düsteren Gegenwart, geprägt durch den Vietnamkrieg, bürgerkriegsähnliche Rassenunruhen, atomares Wettrüsten und grassierende Gewalt. Nachdem es im Herbst 1967 Off-Broadway in Joseph Papps „Public Theater" uraufgeführt wurde, hatte es im April 1968 Premiere am Biltmore-Theater am Broadway. Der Erfolg kam unerwartet und war überwältigend. In den ersten beiden Jahren sahen ca. vier Millionen Zuschauer das Musical. In 14 Großstädten der USA wurden kurz nach der Uraufführung eigene Produktionen auf den Weg gebracht.

Weltweit folgten sehr bald, teils noch im gleichen Jahr, Inszenierungen in Stockholm, München, London, Belgrad, Athen, São Paulo, Tel Aviv, Tokio und vielen anderen Städten. „Hair" wurde von seinen Machern sehr erfolgreich global positioniert und offenbar hatte man mit dem Musical einen transnationalen Nerv getroffen. Die Jugend- und Protestbewegungen, die heute unter der Chiffre ‚1968' zusammengefasst werden, hatten grenzübergreifend einen gemeinsamen Kern im Aufbegehren gegen Autoritäten und Macht, in ihrem Eintreten für eine Revolution der Sinne und in ihrer Lust auf Utopien sowie auf radikale Transformation der gesellschaftlichen Verhältnisse. Rock 'n' Roll war ihr gemeinsamer Soundtrack und die Hippie-Kultur verkörperte ihre Vorstellungen von Selbst-Erweiterung und Gemeinschaftlichkeit. „Hair" gelang es, diese Anliegen symbolisch verdichtet zu artikulieren. Neben seinen universalen Botschaften von Liebe und Emanzipation und seinen USA-spezifischen Themen (Vietnamkrieg, Rassenkonflikte etc.) fand „Hair" eindringliche Bilder zum allseits grassierenden Generationenkonflikt und für die Empörung einer zumeist jugendlichen Protestkultur gegen Materialismus und soziale Kälte.

Im Zuge seiner globalen Verbreitung wurde „Hair" auf lokale Verhältnisse übertragen. Die Songtexte wurden meist in die jeweiligen Landessprachen übersetzt und politische Bezugnahmen auf nationale Themen eingearbeitet. Bei der deutschen Erstaufführung, die am 24. Oktober im Theater in der Brienner Strasse in München stattfand, wurden die NS-Vergangenheit und die manipulative Macht der *Bild*-Zeitung aufs Korn genommen. Die subversive Kraft und der politische Biss von „Hair" mussten sich in einem schwierigen Spannungsfeld von kommerziellen Interessen, produktionsinternen Konflikten, behördlichem (Über-)Eifer und links-kritischem Feuilleton behaupten und das ging nicht immer gut aus. So fanden die deutschen Übersetzer, dass die Produktionsleitung einige ihrer Texte politisch weichgespült hatte. Aus Protest dagegen verteilten die Übersetzer Flugblätter vor dem Theater. Produziert wurde das Musical von dem erfolgreichen TV-Produzenten Werner Schmid, der unter anderem auch für die populäre TV-Unterhaltungsshow „Der goldene Schuss" verantwortlich zeichnete. Berührungsängste gab es da offensichtlich nicht, denn kurz nach der Premiere trat das „Hair"-Ensemble bereits im „Goldenen Schuss" auf. Hellmuth Karasek monierte in der *Zeit*, dass die Münchner Inszenierung die politische Brisanz des Stückes weitgehend neutralisiert hatte. Übrig geblieben war, so Karasek, „eine Sightseeing Tour ins

Hippie-Land."[9] „Hair" polarisierte, ließ niemanden kalt. Während linke Intellektuelle den Ausverkauf von gegenkultureller Politik fürchteten, erschütterten die Provokationen des Musicals deutsche Amtsstuben und Wohnzimmer. Als das Münchner Ordnungsamt die Nacktszene am Ende des ersten Akts verbot, reagierten die Schauspieler mit einer politischen Antwort. Anstatt sich wieder anzuziehen, trugen sie ein breites Banner mit der Aufschrift „Auschwitz Dachau Munich" vor sich her.[10]

„Hair" war das erste Rock-Musical überhaupt und steht damit am Anfang eines neuen Musik-Genres, das sich als sehr erfolgreich und langlebig erweisen sollte. „Hair" hat einen ungewöhnlich hohen Anteil an Rock-Musik, dem Soundtrack westlicher Jugendkulturen in den sechziger Jahren, und entwickelt gleichzeitig seinen sehr eigenen Sound, der vor allem auf die Handschrift des Komponisten Galt MacDermot zurückzuführen ist. Und es bewegt sich leichtfüßig zwischen Anleihen aus der Hochkultur (Hamlet, Brecht) und einer emphatisch anti-bürgerlichen Haltung. Dabei verbindet das Musical Politik und Pop mit Provokation und utopischer Fantasie. Es provoziert mit Nacktheit, diversen Tabubrüchen und der Psychedelischen Ästhetik der Gegenkultur. Bei den ersten Premieren in den USA ging es turbulent zu. Ein Pastor in St. Paul, Minnesota, setzte weiße Mäuse aus, um die Aufführung von „Hair" zu verhindern. Manche Premieren waren von Bombendrohungen begleitet. In mehreren Städten wurde versucht, die Aufführung durch Gerichtsurteile

---

[9] Hellmuth Karasek, „Lang, lang ist's hair." *Die Zeit*, 1. November 1968.

[10] Siehe dazu „Doppeltes Spiel." *Der Spiegel*, 45 (1968), 218.

zu stoppen. In Boston ging die juristische Auseinandersetzung bis zum Obersten Gerichtshof, der dann im Sinne der Freiheit der Kunst entschied. In Chattanooga, Tennessee, dauerte das Tauziehen vor den Gerichten drei Jahre, bis „Hair" endlich auf die Bühne gebracht werden konnte. Die beiden Apollo 13-Astronauten James Lovell und John Swigert machten Schlagzeilen, weil sie die New Yorker Aufführung in der Pause aus Protest verließen. Grund war der aus ihrer Sicht respektlose Umgang mit der amerikanischen Flagge bei dem Lied „Don't Put it Down."

„Hair" entstand im Umfeld des experimentellen Off-Off-Broadway Theaters, das sich nach dem Zweiten Weltkrieg in Greenwich Village und den Seitenstraßen des Broadways entwickelt hatte. Um 1965 beobachteten Gerome Ragni und James Rado, die späteren Hauptdarsteller in der Originalfassung von „Hair", in Greenwich Village fasziniert die Anfänge der Hippie-Kultur, die überall im Entstehen war. Sie begannen mit informellen Feldstudien, registrierten Sprache und Alltagsleben der Hippies. Das war der Anfang von „Hair". In Cafés, Kellern und Fabriketagen profilierte sich gleichzeitig eine bunte Theaterszene, die auf Spielfreude, Improvisationsgeist und Grenzüberschreitung setzte. Neben Eigenproduktionen wurden Stücke der europäischen Moderne (Beckett, Picasso, Brecht etc.) auf die Bühne gebracht. Besonders einflussreich waren Antonin Artauds „Theater der Grausamkeit" und die Ästhetik des epischen Theaters, wie sie von Bertolt Brecht und Erwin Piscator entwickelt worden war. Zusammen mit ihrem Mann, dem Maler und Lyriker Julian Beck, gründete die Deutsch-Amerikanerin Judith Malina, Schülerin von Piscator, das „Living Theatre", das bis heute existiert. Viele experimentelle Impulse gingen auch von dem einige Jahre später gegründeten „Open Theatre“ aus. Gemeinsames Ziel war es, Theater als ein alle Sinne ansprechendes Gesamtwerk für den Zuschauer erfahrbar zu machen. Die strikte Arbeitsteilung zwischen Autoren, Regisseuren, Dramaturgen und Schauspielern sollte aufgehoben werden, weg vom vorgefertigten Text hin zur explorativen, permanent veränderbaren Inszenierung, die aus intensiver Interaktion erwächst. Theater war demnach primär ein ergebnisoffener Prozess, der nicht von einem vorgegebenen Ziel her bestimmt wurde. Die Schauspieler experimentierten mit ihren Rollen. Bewegung, Tanz und körperlicher Ausdruck traten in den Vordergrund. Regisseur Tom O'Horgan sah die Proben als „theater game“, bei denen viel mit Selbsterfahrung und Gruppendynamik gearbeitet wurde. Erklärtes Ziel war es, die „vierte Wand“, die imaginäre Trennungslinie zwischen Bühne und Publikum, aufzuheben, damit sich Schauspieler und Zuschauer in einem gemeinsamen Handlungsraum erleben konnten.

„Hair“ wurde als eines der ersten Konzept-Musicals entworfen, das heißt das Geschehen auf der Bühne ist um symbolisch-rituelle Momente herum arrangiert. Handlung und Figurenkonstellationen bleiben eher schwach entwickelt. Im Mittelpunkt steht eine Gruppe von Hippies, die sich auf ihrer Suche nach einer authentischen Lebensform als *tribe* im Sinne einer vormodernen Stammesgesellschaft formieren. „Hair“ entwirft auf der Bühne einen radikalen Gegenentwurf zum dominanten *mainstream*. In den beiden Hauptrollen sehen wir George Berger und Claude Bukowski, die als Kontrast-Paar angelegt sind. Berger verkörpert die impulsive, vitalistische Seite der Hippie-Bewegung. Er ist von ungeheurer Energie getrieben und folgt ganz seinen spontanen Eingebungen.

Claude dagegen ist eher zurückhaltend, scheu, grüblerisch veranlagt. Er hat gerade seinen Einberufungsbefehl bekommen, ist heimlich verliebt in die Friedensaktivistin Sheila und ein bisschen auch in Berger. Während Berger seinen Einberufungsbefehl demonstrativ öffentlich verbrennt, wird Claude eingezogen, nach Vietnam verschifft und stirbt dort.

Die Authentizität der Inszenierung entsteht durch Bühnenpräsenz und eine rasche Abfolge von wirkmächtigen Bildern, die den Zuschauer durch ritualisierte Körperlichkeit, Tanz und skandierenden Sprechgesang affektiv einbinden beziehungsweise überwältigen sollen. Aufwendig inszenierte Lichteffekte verstärken die Wirkung. Während einige Kritiker nur planloses Chaos auf der Bühne entdecken konnten, waren andere beeindruckt durch die emotionale Dichte und die symbolstarken Bilder der Aufführung. Spontaneität und Improvisation standen im Vordergrund. Die Schauspieler wechselten häufig ihre Rollen. Die Proben waren nicht darauf ausgerichtet, optimiertes Rollenverhalten einzuüben, sondern einen offenen, Spontaneität ermöglichenden Handlungsraum herzustellen. Die Performanz ist wichtiger als Regie und vorgegebener Text. Der offene Prozess hat Vorrang vor einer vorhersehbaren Ergebnisorientierung.

Viele Schauspieler berichten, dass die Arbeit an „Hair" ihr Leben wesentlich beeinflusst, manche sogar, dass es dieses einschneidend verändert hat: „Despite *Hair*'s apparent vulgarity and simplicity and sexual frankness, it really does work magic on people."[11] Die auf der Bühne

---

[11] Scott Miller, *Let the Sunshine in. The Genius of Hair*, Portsmouth NH 2003, 2.

inszenierte Gemeinschaftlichkeit, Authentizität und persönliche Nähe blieb nicht ohne Wirkung für das private Leben der Beteiligten. Andererseits ist aber auch unübersehbar, dass das utopische Ideal der Bühnengemeinschaft im wirklichen Leben nicht immer Bestand hatte. Die im Musical zelebrierte emanzipatorische Kraft von Drogen wurde für einige zum Suchtproblem. In vielen populären Darstellungen wird die Gegenkultur der sechziger Jahre nostalgisch überhöht und in ihrer gesellschaftlichen Breitenwirkung grandios überschätzt. Drogen waren nicht nur ein probates Mittel zur Bewusstseinserweiterung, sondern natürlich auch mit physischen und psychischen Risiken verbunden. Die Hippie-Kultur lässt sich nicht allein auf eine genuine Emanzipations-Sehnsucht zurückführen, sondern sie war oft getrieben durch soziale Beziehungslosigkeit und weltanschauliche Desorientierung.[12] Und sehr konkret stieß das utopische Ideal des *tribe* auf die unternehmerische Logik des Produzenten Michael Butler. Es mussten Verträge unterschrieben, Gagen ausgehandelt und verbindliche Abläufe organisiert werden. Michael Butler kam nicht selten an seine Grenzen, wie er in einem Interview mit dem Magazin *Life* bekannte: „This is a hard show to run. It's all right for the kids to bring up basic employee problems. But if you want to oppose them with basic business rules, they're ready to throw the whole hippie philosophy of love at you."[13] „Hair" war das erste Broadway-Musical mit einer multiethnischen Besetzung.

[12] Siehe Joan Didions viel beachtete Reportage über Haight-Ashbury, dem damaligen Mekka der Gegenkultur: *Slouching Towards Bethlehem*, New York 1981, 94–132.

[13] Zitiert nach Lorrie Davis (mit Rachel Gallagher), *Letting Down My Hair*, New York 1973, 231.

Die wichtige afro-amerikanische Wochenzeitung *Amsterdam News* war darüber hoch erfreut: „Surely *Hair* is the first truly integrated Broadway musical, as much because of the way the talents of the blacks in the show are employed as because of the fact of their employment."[14] Als jedoch die ersten Neubesetzungen anstanden, wunderten sich viele, warum keine Hauptrollen mit afro-amerikanischen Schauspielern besetzt wurden. Und als nach der Ermordung von Robert Kennedy im August 1968 zwei Vorstellungen aus Respekt vor dem Politiker abgesagt wurden, fragten sich vor allem afroamerikanische Ensemble-Mitglieder, warum während der Proben im April das Attentat auf Martin Luther King nur beiläufig registriert worden war.[15]

„Hair" in den politischen Kontexten von 1968

Das Jahr 1968 steht zum einen für sich selbst und zum anderen stellvertretend für eine ganze Dekade. Natürlich lässt sich ein Jahr nicht aus einem fortlaufenden Ereignisfluss auskoppeln, doch kann 1968 in mancher Hinsicht als Kulminationspunkt der Dekade gesehen werden, als das Jahr, in dem die Konfliktlinien und Verwerfungen des Jahrzehnts besonders deutlich zu Tage traten. Lässt sich eine historische Bilanz für 1968 formulieren? Für viele steht das Jahr für einen längst überfälligen Aufbruch, andere sehen hier nach wie vor eher einen verhängnisvollen Dammbruch. 1968 wurde sehr lange entweder verklärend idealisiert oder dämonisiert. Der polarisierend geführte

---

[14] *Amsterdam News*, 20. Juli 1968. Zitiert nach Davis, *Letting*, 238.

[15] Siehe Davis, *Letting*, 237–241.

Diskurs um 1968 lässt auf die Leidenschaft und Heftigkeit schließen, die das Datum noch bis vor kurzem auslöste. Zudem weist das Jahr eine sehr hohe Ereignisdichte auf und ist dementsprechend verwirrend vielgestaltig, unübersichtlich und widersprüchlich.

Aus politischer Sicht war 1968 eher ein dunkles Jahr in der Geschichte der USA.[16] Mit Martin Luther King und Robert Kennedy wurden zwei der wichtigsten Hoffnungsträger, die für die Möglichkeit einer politisch-moralischen Wende standen, ermordet. Martin Luther King war längst zu einer umstrittenen und angefeindeten Figur geworden. In der medialen Öffentlichkeit wurde er als gefährlich und politisch zu radikal denunziert. Vom FBI wurde er ausspioniert und mit Hetzkampagnen verfolgt. Und innerhalb der Bürgerrechtsbewegung wurde er immer häufiger als zu moderat, den Interessen des weißen Establishments verpflichtet gesehen. In den USA begann 1968 mit der Tet-Offensive im Vietnamkrieg. Der Verlauf des Kriegs in Vietnam und Rassenunruhen in allen amerikanischen Großstädten ließen viele am Optimismus der Kennedy-Generation verzweifeln. Das Debakel der Tet-Offensive und parteiinterne Rivalitäten führten dazu, dass Lyndon B. Johnson auf eine weitere Präsidentschaftskandidatur verzichtete. Darüber waren nicht alle unglücklich, aber sein Programm der „Great Society" gehörte damit der Vergangenheit an. Und diejenigen, die jetzt noch nicht entmutigt waren, mussten einen erbittert geführten Präsidentschaftswahlkampf mit ansehen, an dessen Ende Richard Nixon zum neuen Präsidenten der USA gewählt wurde. Viele Beobachter verbanden mit der Wahl Nixons

[16] Siehe dazu auch den Beitrag von Georg Schild in diesem Band.

den Beginn einer konservativen Wende, die mit kurzen Unterbrechungen bis auf den heutigen Tag anhält. Der Wahlsieg von Nixon war extrem knapp (bei einer Wahlbeteiligung unter 60 Prozent hatten nur 27 Prozent aller Wahlberechtigten für ihn gestimmt) und er war bitter für die politische Linke, den linksliberalen Flügel der Demokratischen Partei und für die Jugend- und Studentenbewegung. Nach 1968 war die politische Opposition in den USA stark fragmentiert, ohne gemeinsamen Fokus. Während viele sich enttäuscht von der Politik abwandten, setzten sich andere für lokale und partikulare Interessen ein, in Bürgerinitiativen, im *community organizing*, in den vielfältigen Ausprägungen der Gegenkultur und in Neuen Sozialen Bewegungen wie etwa im Umwelt-Aktivismus. Am Ende, bezieht man den Vietnamkrieg und den Watergate-Skandal in die Bilanz mit ein, ging die politische Rechte gestärkt aus den 1960er Jahren hervor: „Liberalism may have dominated the 1960s, but ‚the sixties' – constructed as including Vietnam and Watergate – ultimately invigorated the Right."[17]

In den 1960er Jahren verdichteten sich die Konfliktlinien der Nachkriegszeit. Die Dekade erschien als eine Abfolge von Schocks, Skandalen und politischen Kämpfen, die den Konsens der amerikanischen Gesellschaft bedrohlich aushöhlten. Eine Regierungskommission, die die bürgerkriegsähnlichen Ghetto-Unruhen des Sommers 1967 untersucht hatte, kam zu dem Schluss, dass die USA in zwei Gesellschaften zu zerfallen drohten, die eine weiß und die andere schwarz. Immer wieder wurde William Butler Yeats' berühmtes Gedicht „The Second Coming"

[17] Bernard von Bothmer, *Framing the Sixties*, Amherst 2010, 26.

(1919) zitiert, in dem die beiden Schlüsselzeilen lauten: „Things fall apart; the center cannot hold;/Mere anarchy is loosed upon the world.“ Und dennoch, so der Historiker William H. Chafe, hielten viele an der Vision einer freien und gerechten Gesellschaft fest:

> Although the Creed was often more honored in the breach than in reality, its hold on the soul and psyche of America was such that even those with the greatest reason for disaffection conducted their struggles for freedom within its framework, convinced, in the words of Martin Luther King, Jr., that ‚someday, someway,‘ the dream of dignity and justice for all would come true.[18]

Die Ideale und Ziele dieser amerikanischen Utopie waren in den sechziger Jahren noch einmal eindringlich formuliert worden und hatten viele Amerikaner nicht nur erreicht, sondern auch bewegt: das eigene Denken und Tun hinterfragen, öffentlich Stellung beziehen, gesellschaftlich solidarisch handeln. John F. Kennedys Vereidigungsrede im Januar 1961 und Martin Luther Kings „I Have A Dream“-Rede im August 1963 waren starke Momente einer kollektiven Vergewisserung über einen geteilten Wertehorizont, mit dem sich große Teile der amerikanischen Bevölkerung identifizieren konnten. Diese beiden Reden machen den Blick frei für eine hellere Seite von 1968, die als der Beginn einer politisch-kulturellen Transformation mit Langzeitwirkungen gesehen werden kann. Nicht zuletzt beförderte der utopisch-rebellische Geist der Dekade eine Vielzahl von sozialen Bewegungen, die bis heute mehr oder weniger robust bestehen. Dazu gehören die Frauenbewegung und die Schwulenbewegung ebenso

---

[18] William H. Chafe, *The Unfinished Journey. America Since World War II*, New York 1995, 343.

wie die Friedensbewegung und die Umweltbewegung. Und auch die Bürgerrechtsbewegung, deren Anfänge bis in die dreißiger und fünfziger Jahre zurückgehen, entfaltete in den sechziger Jahren ihre größte Breitenwirkung.[19] Ferner änderten sich normative Festlegungen im Hinblick auf Familie, Geschlecht und Rasse:

> greater freedom in sexual relations, a better break for women, minorities, and the disabled, a healthy scepticism, even a spirit of mockery, in the face of authority, a laissez-faire attitude toward sexual difference, a recoil from military adventures, a protective stance toward the environment, and a new ease and informality in social life.[20]

Ähnlich argumentieren auch Todd Gitlin und Van Gosse. Gitlin verweist auf ein Mehr an sozialer Gleichheit, höherer Toleranz gegenüber anderen Lebenentwürfen, mehr Zurückhaltung bei Militäreinsätzen, gewachsenes Umweltbewusstsein und eine lebendigere politische Kultur.[21] Van Gosse bilanziert: „The new understandings about race, gender, and sexuality negotiated throughout civil society (family, church, school, workplace, union, campus) over the next decades represent the New Left's partial success in revolutionizing America“.[22] Ronald Inglehart

---

[19] Siehe Jacquelyn Dowd Hall, „The Long Civil Rights Movement and the Political Uses of the Past“, *Journal of American History*, 91.4 (2005), 1233–1263. In deutscher Übersetzung liegt der Aufsatz vor in: Michael Butter / Astrid Franke / Horst Tonn (Hgg.), *Von Selma bis Ferguson. Rasse und Rassismus in den USA*, Bielefeld 2016, 15–46.

[20] Morris Dickstein, *Gates of Eden*, Cambridge, MA 1995, xv.

[21] Todd Gitlin, *The Sixties*, New York 1993, xiv f.

[22] Van Gosse, „A Movement of Movements: The Definition and Periodization of the New Left“, in: Jean-Christophe Agnew / Roy Rosenzweig (Hgg.): *A Companion to Post-1945 America*, Malden, Mass. 2006, 295.

spricht in diesem Zusammenhang von einer stillen Revolution, die nach dem Zweiten Weltkrieg in allen westlichen Wohlstandsgesellschaften zu beobachten ist. Nachdem für weite Teile der Bevölkerung Sicherheit und materielle Bedürfnisse hinlänglich gewährleistet waren, trat, so Inglehart, eine postmaterialistische Werteorientierung in den Vordergrund, die auf Anerkennung und Zugehörigkeit, auf gesellschaftliche Partizipation und selbstbestimmte Lebensführung ausgerichtet war.[23]

Die Politik von „Hair“ – links, pazifistisch, utopisch, esoterisch

Ein Zuschauer der „Hair“-Aufführung in München im Herbst 1968 war begeistert von der Musik und bezeichnete den Rest als „Klamauk mit viel Sinn.“[24] Offenbar war es nicht immer ganz leicht, den eklektischen Mix von politischen, weltanschaulichen, spirituellen und ethischen Anliegen in dem Musical zu sortieren. Bereits mit seinem Titelthema greift „Hair“ die Sprengkraft und das provokative Potential des Themas Haare auf, das kulturgeschichtlich seit jeher mit Macht, Sexualität und Autonomie verknüpft wird. Rebecca M. Herzig hat in ihrer Studie *Plucked* gezeigt, dass die normative Regulierung von Behaarung der sozialen Kontrolle, nicht selten auch der Degradierung oder Ausgrenzung von ‚auffälligen‘ Individuen dient. Haare, die überlang oder an der falschen Stelle wachsen, werden häufig mit fehlender Hygiene

---

[23] Ronald Inglehart, *The Silent Revolution. Changing Values and Political Styles Among Western Publics*. Princeton 1977.

[24] www.youtube.com/watch?v=zWXjTDnC-10 (1. Februar 2019).

und/oder sexueller Devianz assoziiert.[25] Haarlänge bei Männern, daran muss hier erinnert werden, war in den sechziger Jahren nicht nur eine Frage der Mode oder des persönlichen Geschmacks, sondern eine politische Aussage, ein mehr oder weniger emphatisches Bekenntnis zu gegenkulturellen Milieus. Wer seine Haare wachsen ließ, der setzte ein Zeichen für nonkonformistische Selbstbestimmtheit. Die Länge der Haare war ein Schauplatz des Generationenkonflikts, der Rebellion gegen Eltern, Lehrer und andere Autoritäten. „Hair" stellt sich nicht nur auf die Seite der „Langhaarigen", sondern erhebt das ungehemmt wachsende Haupthaar zur Botschaft, zu einer Kollektiv-Formel mit hoher Bindekraft. In eindringlich assoziativem Sprechgesang wird das Thema sinnlich und affektiv erfahrbar gemacht:

> Hair, hair, hair, hair, hair, hair, hair
> Flow it, show it
> Long as God can grow it
> My hair
>
> I want it long, straight, curly, fuzzy
> Snaggy, shaggy, ratty, matty
> Oily, greasy, fleecy
> Shining, gleaming, streaming
> Flaxen, waxen
> Knotted, polka-dotted
> Twisted, beaded, braided
> Powdered, flowered, and confettied
> Bangled, tangled, spangled, and spaghettied![26]

---

[25] Siehe Rebecca M. Herzig, *Plucked*, New York 2015, 12–16.

[26] Es gibt kein definitiv autorisiertes Skript für „Hair." Songtexte und Dialoge sind fortlaufend verändert worden. Hier werden sie zitiert nach Eric Grode, *Hair. The Story of the Show that Defined A Generation*, London 2010, 32 (= Grode, Hair).

Die Länge der Haare verbindet sich mit der Forderung nach Vielfalt und radikaler Andersartigkeit. Es geht um das Recht auf ein selbstbestimmtes Äußeres, aber mehr noch um die Möglichkeit eines ‚natürlichen' Lebens und die Überwindung einer binären Geschlechterordnung, die den Unterschied männlich-weiblich unter anderem auch durch Haarlänge sichtbar macht.

„Hair" besteht aus zwei Akten, die in ihrer Abfolge die Utopie der Hippie-Kultur und eine apokalyptische Gegenwart zueinander in Beziehung setzen. Im ersten Akt wird das alternative Gesellschaftsideal des *tribe* auf die Bühne gebracht, das durch Gleichheit, Solidarität und Wahrhaftigkeit geprägt ist. Kommunikation und soziale Interaktion sind empathisch und spontan, spielerisch und kreativ. Damit verbunden ist die Vision eines neu heranbrechenden Zeitalters. Laut astrologisch-esoterischer Sterndeutungen begann in der zweiten Hälfte des 20. Jahrhunderts das Wassermannzeitalter, das mit dem Versprechen von Erneuerung und radikaler Umkehr verbunden war. Für die Gegenkultur der sechziger Jahre war das Sternbild Wassermann eine wirkmächtige Metapher, die in dem Song „Aquarius" so ausgestaltet wird:

> When the moon is in the Seventh House
> And Jupiter aligns with Mars
> Then peace will guide the planets
> And love will steer the stars
> This is the dawning of the age of Aquarius
> Age of Aquarius
> Aquarius
> Aquarius
>
> Harmony and understanding
> Sympathy and trust abounding

No more falsehoods or derisions
Golden living dreams of visions
Mystic crystal revelation
And the mind's true liberation
Aquarius
Aquarius[27]

Das neue Zeitalter, das hier verkündet wird, will eine radikale Abkehr von der technokratischen Moderne, die als kalt, undurchschaubar und zweckrational gesehen wird. Sie präsentiert sich als objektiv gegeben und verschleiert damit ihre eigenen ideologischen Voraussetzungen. In letzter Instanz entfaltet die Technokratie ein totalitäres Regime und daher muss eine Alternative her, die vor allem auf Wissensbestände aus anderen Kulturen und die Unverzichtbarkeit einer magischen Weltsicht zurückgreift, wie Theodore Roszak argumentiert:

> the interests of our college-age and adolescent young in the psychology of alienation, oriental mysticism, psychedelic drugs, and communitarian experiments comprise a cultural constellation that radically diverges from values and assumptions that have been in the mainstream of our society at least since the Scientific Revolution of the seventeenth century.[28]

„Hair" ist stark durch das Politikverständnis der studentischen Neuen Linken in den USA beeinflusst, die das Kausalmodell linker Orthodoxie auf den Kopf stellt. Entgegen dem Satz von Karl Marx, nach dem das Sein das Bewusstsein bestimmt, setzt die Neue Linke ganz auf Bewusstseinsveränderung und Selbsttransformation. Im „Port Huron Statement" (1962), dem Gründungsmanifest

[27] Zitiert nach Grode, *Hair*, 28.

[28] Theodore Roszak, *The Making of a Counter Culture*, Garden City 1969, xii (= Roszak, Making).

der amerikanischen Students for a Democratic Society (SDS), ist das Selbstverbesserungspotential des Menschen Ausgangspunkt aller Perspektiven für gesellschaftlichen Wandel:

> Our own social values involve conceptions of human beings, human relationships, and social systems.
>
> We regard *men* as infinitely precious and possessed of unfulfilled capacities for reason, freedom, and love. In affirming these principles we are aware of countering perhaps the dominant conceptions of man in the twentieth century: that he is a thing to be manipulated, and that he is inherently incapable of directing his own affairs. We oppose the depersonalization that reduces human being to the status of things – if anything, the brutalities of the twentieth century teach that means and ends are intimately related, that vague appeals to ‚posterity' cannot justify the mutilations of the present.[29]

In erster Linie ging es um eine Revolution des Denkens und Fühlens, die als Voraussetzung für eine aussichtsreiche Umwälzung ökonomischer und politischer Machtstrukturen gesehen wurde. Gesellschaftlicher Wandel war in die Verantwortung jedes Einzelnen gestellt und musste als Selbstveränderung beginnen: „Accordingly, sociology has been forced to yield progressively to psychology as the generative principle of revolution."[30] Ebenso argumentierte Charles A. Reich in seinem Bestseller *The Greening of America*: „The revolution must be cultural. For culture controls the economic and political machine, not vice versa."[31] „Hair" folgt an dieser Stelle dem politischen

---

[29] Students for a Democratic Society, „Port Huron Statement", o. O. 1962.

[30] Roszak, *Making*, 186.

[31] Charles A. Reich, *The Greening of America*, New York, 1970, 329.

Denken der Neuen Linken und ist selbst ein Beispiel für die potentiell transformatorische Kraft ästhetischer Praxis.

„Hair" ist eng mit den Turbulenzen der sechziger Jahre verknüpft. Die Uraufführung im April 1968 fiel in den gleichen Monat, in dem Martin Luther King in Memphis ermordet wurde. Und während „Hair" am Broadway sein Publikum fesselte, kam es nur wenige Kilometer entfernt an der Columbia University zu gewalttätigen Konfrontationen zwischen Studenten und Polizei. Der zweite Akt von „Hair" rückt die dunkle Seite von Geschichte und Gegenwart der USA in den Vordergrund. Claude beschließt nach langem inneren Ringen, dass seine patriotische Loyalitätspflicht gegenüber den USA vor seinem individuellen Gewissen Vorrang hat. Er folgt dem Einberufungsbefehl und geht als Soldat nach Vietnam. Daran schließen sich mehrere Szenen an, die als ein halluzinatorischer LSD-Trip Claudes inszeniert sind und in deren Verlauf kollektive Traumata der amerikanischen Geschichte von den Indianerkriegen über den Bürgerkrieg bis Vietnam heraufbeschworen werden. Am Ende liegt Claude als gefallener Soldat auf der Bühne und mit ihm viele andere, stellvertretend für die Opfer von Amerikas Kriegen und Rassen- und Klassenkonflikten. Die toten Körper verdichten sich zu einem bedrückenden Endzeit-Szenario. Im Anschluss daran folgen die beiden Lieder „3–5–0–0" und „What a piece of work is man", die aufeinander bezogen ein weiteres Mal das Thema von Entfremdung und Resonanz, von Utopie und Endzeit variieren.

Der Song „3–5–0–0" wird zuerst flüsternd vorgetragen und gerät dann zu einem stakkatohaften Aufschrei. In surreal assoziativen Bildern verbindet der Song die grauenhaften Gewaltexzesse des Vietnamkriegs mit der Gewalt in den Ghettos amerikanischer Großstädte und suggeriert, dass beides auf die gleichen systemischen Ursachen zurückzuführen ist. Der Text ist durch Allen Ginsbergs Antikriegsgedicht „Wichita Vortex Sutra“ (1966) inspiriert, in dem die Macht authentischer Sprache eindringlich beschworen wird. Die Zahl „3–5–0–0“ ist ein Beispiel dafür, wie der Jargon der Militärs mit abstrakten Formulierungen die Wirklichkeit des Krieges verdrängt. Mit Wortungeheuern wie etwa „Kollateralschaden“ oder „Eskalationsstrategie“ wird das Grauen des Krieges unsichtbar gemacht. „3–5–0–0“ bezieht sich auf Angaben des US-Militärs über Opferzahlen im Vietnamkrieg. Indem die Zahl in ihre einzelnen Ziffern aufgespaltet wird, wirkt sie kleiner, harmloser und evoziert so teilnahmslose Präzision und Objektivität. „3–5–0–0“ macht unter anderem deutlich, wie Wirklichkeit durch Sprache verschleiert werden kann:

> Ripped open by metal explosion
> Caught in barbed wire
> Fireball
> Bullet shock
> Bayonet
> Electricity
> Shrapnel
> Throbbing meat
> Electronic data processing
> Black uniforms
> Bare feet, carbines
> Mail-order rifles
> Shoot the muscles
> 256 Viet Cong captured
> 256 Viet Cong captured
> Prisoners in Niggertown
> It’s a dirty little war
> Three Five Zero Zero

Take weapons up and begin to kill
Watch the long long armies drifting home[32]

In eindringlichen Bildern artikuliert diese Szene das Ausgeliefertsein in der modernen Kriegsmaschinerie. Unmittelbar daran schließend folgt der Song „What a piece of work is man“, eine fast wörtliche Wiedergabe von Hamlets bekanntem Monolog aus Shakespeares gleichnamiger Tragödie. Hamlets frühneuzeitlicher Weltverdruss hat auch in der Spätmoderne nichts an Dringlichkeit eingebüßt:

What a piece of work is man
How noble in reason
How infinite in faculties
In form and moving
How express and admirable
In action how like an angel
In apprehension how like a god
The beauty of the world
The paragon of animals
I have of late
But wherefore I know not
Lost all my mirth
This goodly frame
The earth
Seems to me a sterile promontory
This most excellent canopy
The air – look you!
This brave o'erhanging firmament
This majestical roof
Fretted with golden fire
Why it appears no other thing to me
Than a foul and pestilent congregation
Of vapors[33]

---

[32] Zitiert nach Grode, *Hair*, 17.
[33] Zitiert nach Grode, *Hair*, 144.

Die Frage nach dem anthropologischen Potential des Menschen mündet in die verzweifelte Einsicht, dass der Mensch immer wieder verhängnisvoll hinter seinen großartigen Fähigkeiten und Möglichkeiten zurückbleibt. Einmal mehr umspielt das Musical hier die zentrale Thematik von Utopie und Untergang, von Aufgehobensein und Entfremdung des modernen Menschen. Hartmut Rosa hat die kulturelle Dynamik der westlichen Moderne als Suche nach Resonanz im Angesicht zunehmender Entfremdung und Beziehungslosigkeit beschrieben. Die Grundangst der Moderne, so Rosa, besteht darin, „die Welt könnte verstummen, erstarren, uns nur noch als beziehungslos oder feindlich gegenübertreten, so dass die dominante oder sogar einzige Welterfahrung die einer atomisierten, monadischen Existenz wäre.“[34] „Hair“ kennt diese Angst und versucht, ihr mit Empathie und Solidarität, mit Nonkonformismus und Kreativität zu begegnen.

Schluss

Das Musical „Hair“ reflektiert die Tragweite von 1968 in bemerkenswerter Dichte. Aufmerksam registriert es die Ambivalenzen von Utopie und Endzeit, von Entfremdung und Suche nach Resonanz-Erfahrungen und findet dafür eindringliche Bilder und Töne. Mit rasanter Geschwindigkeit verbreitete sich „Hair“ im globalen Westen und darüber hinaus. Mit seinen Themen und Anliegen erreichte „Hair“ eine transnational sichtbare Jugend- und Protestkultur und es konfrontierte einen dominanten *mainstream* mit seinen Widersprüchen,

---

[34] Hartmut Rosa, *Resonanz*, Berlin 2016, 599.

Heucheleien und falschen Kompromissen. Die Wirkmacht von „Hair" entfaltete sich auf dem Feld einer neu formierten politischen Kultur, die wiederum den Blick auf ein helleres Bild von 1968 freigibt. Die basisdemokratischen Bürgerbewegungen (Umwelt/Ökologie, Frieden, Feminismus, Menschen- und Bürgerrechte), die heute das gesellschaftliche Leben in westlichen Demokratien wesentlich mitprägen, lassen sich in ihren Anfängen auf die sechziger Jahre zurückverfolgen. Die Protestkulturen und gegenkulturellen Milieus, die mit 1968 verbunden sind, entfalteten eine Erneuerungskraft, die nachhaltig und unumkehrbar war und die nahezu alle Bereiche des Politischen und Privaten erreichte. Rock-Musik und Psychedelik, Landkommunen und spirituelle Esoterik, Beat-Lyrik und politischer Aktivismus verbanden sich auf unvorhersehbare Weisen. Nicht zuletzt artikulierte sich dabei auch eine vehemente Kritik an der westlichen Moderne, wie sie spätestens seit der Romantik in Kunst, Literatur und Wissenschaft formuliert worden war, die in den sechziger Jahren noch einmal immens popularisiert wurde und so über etablierte Klassen- und Bildungsgrenzen hinweg rezipiert werden konnte. 1968 beschleunigte einen weitreichenden Wandel von Werten, Welthaltungen und Verhaltensnormen, der unter anderem zu flacheren Hierarchien, informellerem Umgang und mehr Mut zu Individualität geführt hat. Mit den Mitteln der Popkultur hat „Hair" an diesen Prozessen mitgewirkt.

Ausgewählte Literatur

Beck, Ulrich, *Risikogesellschaft. Auf dem Weg in eine andere Moderne*, Frankfurt am Main 1986.

Bothmer, Bernard von, *Framing the Sixties. The Use and Abuse Of A Decade From Ronald Reagan to George W. Bush*, Amherst 2010.

Bottoms, Stephen J., *Playing Underground. A Critical History of the 1960s Off-Off-Broadway Movement*, Ann Arbor 2006.

Butter, Michael / Franke, Astrid / Tonn, Horst (Hgg.), *Von Selma bis Ferguson. Rasse und Rassismus in den USA*, Bielefeld 2016.

Chafe, William H., *The Unfinished Journey. America Since World War II*, New York 1995.

Davis, Lorrie (mit Rachel Gallagher), *Letting Down My Hair. Two Years with the Love Rock Tribe – From Dawning to Downing of Aquarius*, New York 1973.

Dickstein, Morris, *Gates of Eden. American Culture in the Sixties*, Cambridge, MA, [2]1997.

Didion, Joan, *Slouching Towards Bethlehem*, New York 1981.

„Doppeltes Spiel." *Der Spiegel*, 45 (1968), 218.

Hall, Jacquelyn Dowd, „The Long Civil Rights Movement and the Political Uses of the Past", *Journal of American History*, 91.4 (2005), 1233–1263.

Gitlin, Todd, *The Sixties. Years of Hope, Days of Rage*, New York 1993.

Gosse, Van, „A Movement of Movements: The Definition and Periodization of the New Left", in: Jean-Christophe Agnew / Roy Rosenzweig (Hgg.): *A Companion to Post-1945 America*, Malden, MA 2006, 277–302.

Grode, Eric, *Hair. The Story of the Show that Defined A Generation*, London 2010.

Herzig, Rebecca M., *Plucked. A History of Hair Removal*, New York 2015.

Higgins, Lee / Willingham, Lee, *Engaging in Community Music*. New York 2017.

Horn, Barbara Lee, *The Age of Hair. Evolution and Impact of Broadway's First Rock Musical*, New York 1991.

Inglehart, Ronald, *The Silent Revolution. Changing Values and Political Styles Among Western Publics*, Princeton 1977.
Kaiser, Charles, *1968 in America. Music, Politics, Chaos, Counterculture and the Shaping of a Generation*, New York, 1988.
Karasek, Hellmuth, „Lang, lang ist's hair." *Die Zeit*, 1. November 1968.
Love, Nancy S., *Musical Democracy*. Albany 2006.
Miller, Scott, *Let the Sunshine in. The Genius of Hair*, Portsmouth, NH 2003.
– *Sex, Drugs, Rock & Roll, and Musicals*, Boston 2011.
Nussbaum, Martha C., *Politische Emotionen*. Berlin 2016.
Students for a Democratic Society, „Port Huron Statement", o. O. 1962.
Reich, Charles A., *The Greening of America*, New York 1971.
Röse, Lothar, *Rock und Zeit*, Duisburg 2018.
Rosa, Hartmut, *Resonanz. Eine Soziologie der Weltbeziehung*, Berlin 2016.
Roszak, Theodore, *The Making of a Counter Culture*, Garden City 1969.
Strausbaugh, John, *The Village. A History of Greenwich Village*, New York 2013.
Williams, Raymond, *Marxism and Literature*, Oxford 1977.
www.hairthemusical.com
www.michaelbutler.com/hair/
www.youtube.com/watch?v=zWXjTDnC-10 (1. Februar 2019)

Zu den Autoren

Jan Eckel, Dr. phil. Professor für Neuere Geschichte und Zeitgeschichte an der Universität Tübingen. Forschungsschwerpunkte u. a.: Geschichte der Menschenrechte, Geschichte der internationalen Politik seit dem späten 19. Jahrhundert, Geschichte der deutschen Geschichtswissenschaft und der deutschen Geisteswissenschaften im 20. Jahrhundert.

Klaus Gestwa, Dr. phil., Professor für Osteuropäische Geschichte an der Universität Tübingen. Forschungsschwerpunkte u. a.: Sozial- und Wirtschaftsgeschichte des Russischen Kaiserreichs seit dem 18. Jahrhundert, Geschichte der Sowjetunion, Technik-, Wissenschafts- und Umweltgeschichte im Kalten Krieg.

Bernd-Stefan Grewe, Dr. phil., Professor für Geschichtsdidaktik an der Universität Tübingen. Forschungsschwerpunkte u. a.: Globale Geschichte des Goldes, das materielle und kulturelle Erbe des Kolonialismus, Geschichtsdidaktik und Public History.

Johannes Großmann, Dr. phil., Juniorprofessor für Geschichte Westeuropas an der Universität Tübingen. Forschungsschwerpunkte u. a.: Geschichte des Zweiten Weltkriegs, der Europäischen Integration und des Kalten Kriegs in transnationaler Perspektive, Geschichte von Erinnerungskulturen, deutsch-französische Geschichte.

Georg Schild, Ph. D., Professor für Nordamerikanische Geschichte an der Universität Tübingen. Forschungsschwerpunkte: Amerikanische Politik- und Zeitgeschichte.

Horst Tonn, Dr. phil., Professor für Amerikanistik an der Universität Tübingen. Forschungsschwerpunkte u. a.: Minoritätenliteraturen, Dokumentarismus (Text, Film, Photographie), Medialisierung von Krieg, kulturelle Globalisierung, Populärkultur und Politik.

Bernd Jürgen Warneken, Dr. phil. rer. soc. habil., bis 2010 apl. Professor am Ludwig-Uhland-Institut für Empirische Kulturwissenschaft der Universität Tübingen. Forschungsschwerpunkte u. a.: Kulturen unterbürgerlicher Schichten, Geschichte der deutschsprachigen Volkskunde/Ethnographie, Migration und Integration.

Personenregister